供电服务热点问题

应答手册

国网河南省电力公司　编

中国电力出版社
CHINA ELECTRIC POWER PRESS

内 容 提 要

本书以解决供电服务热点问题为切入点，以国家电网有限公司 95598 知识库以及实践中总结的问题为基础进行汇编，内容覆盖优质服务技巧、业扩报装、电费电价、故障报修等方面的常用业务知识。

本书以“客户关心的热点问题”为核心，紧扣容易引发客户投诉的应答方式，突出针对性和实用性，遵循有关法律法规、规章制度、标准规程等要求。本书适合从事客户服务、业扩报装、电能计量、故障抢修的现场技术人员阅读、学习使用。

图书在版编目（CIP）数据

供电服务热点问题应答手册 / 国网河南省电力公司编 .—北京：中国电力出版社，2018. 12

ISBN 978-7-5198-2499-0

Ⅰ. ①供…　Ⅱ. ①国…　Ⅲ. ①供电－工业企业－商业服务－中国－问题解答　Ⅳ. ① F426. 61-44

中国版本图书馆 CIP 数据核字（2018）第 279269 号

出版发行：中国电力出版社
地　　址：北京市东城区北京站西街 19 号（邮政编码 100005）
网　　址：http://www.cepp.sgcc.com.cn
责任编辑：丁　钊　(010-63412393)
责任校对：黄　蓓　王海南
装帧设计：王红柳
责任印制：杨晓东

印　　刷：三河市万龙印装有限公司
版　　次：2018 年 12 月第一版
印　　次：2018 年 12 月北京第一次印刷
开　　本：850 毫米 ×1168 毫米　32 开本
印　　张：4
字　　数：89千字
印　　数：0001—3000 册
定　　价：35. 00 元

编委会

编写人员

主　编：韦　雅　张　凌　颜中原　李翼铭　张　巍　田　珂

编　写：李　伟　王佳音　席　乐　王　峻　马文栋　朱嘉宁　牛慧涛　华　隽　彭　磊　陈　重　武绍斌　姚艳霞　杨　伟　张　鑫　赵　红　陈宏杰　田　琪　井硕彦　孙甜甜　肖　珂　张培毅　岳寒冰　戚家伟　管庆芳　师　杨　汤　亮　张渊涛　师万青　拜晓峰　陈　峰　李　欢　魏　飞　邢丽红　张　慧　马　超　马跃华　许　静　常　灵

前言

为全面践行国家电网公司“以客户为中心”的理念，有效提高国网河南省电力公司基层服务人员的服务水平，夯实服务基础，规范服务行为，提高服务队伍素质，持续提升供电服务水平，为此我们组织一批优秀的技术、技能和培训教学专家编制了本手册。

本书以解决供电服务热点问题为切入点，以国家电网有限公司 95598 知识库中国网河南省公司知识内容为基础改编，内容覆盖优质服务技巧、业扩报装、电价电费、故障报修等方面的常用业务知识。在编写原则上，突出以“客户关心的热点问题”为核心，紧扣容易引发客户投诉热点问题的应答方式，突出针对性和实用性，遵循有关法律法规、规章制度、标准规程等。

鉴于本书编写时间仓促，编者水平有限，书中难免存在疏漏之处，敬请读者批评指正。

编者

目录

供电服务热点问题

应答手册

第一章

优质服务技巧及通用服务规范

第一节　服务用语与服务忌语

1. 礼貌用语规范

迎送用语：欢迎、再见、请进、请您走好。

问候用语：您好、早上好、晚上好、大家好。

致谢用语：谢谢、非常感谢、多谢合作。

拜托用语：请多关照、拜托您了。

赞赏用语：太好了、真棒、好极了。

致歉用语：对不起、抱歉、请原谅。

理解用语：深有同感、所见略同。

祝贺用语：祝您节日愉快、恭喜。

征询用语：请问。

请求用语：请、请稍后、请您配合、劳驾、打扰了。

2. 工作服务用语与服务忌语

序号	服务内容	服务用语	服务忌语
1	为客户办理业务时	请问、请稍候、我马上为您办理	急什么、你没看见我正忙着吗
2	客户进门打招呼时	您好、请坐、请问您需要什么帮助	干什么、那边等着
3	客户所办业务不属于自己职责时	对不起、您的业务请到××柜台办理、请往这边走	不知道、自己去问

续表

序号	服务内容	服务用语	服务忌语
4	所办业务一时难以答复需请示领导时	请稍后，我们研究一下。 对不起，请留下您的联系电话，我在××日答复您	我办不了、没办法、找领导去
5	客户交款时	收您××元、找您××元、请点好	快交钱、给你、拿着
6	与客户交谈工作时	您好、请、谢谢、打扰了、劳驾、麻烦、再见	废话、真啰嗦
7	客户离开时	请您走好，再见	快走吧
8	到客户处自我介绍时	您好！我是××供电公司的××，是来抄电表（收费、装表、换表等）的	电业局的
9	告别客户时	打扰了，谢谢您的合作，再见	走了
10	接听客户电话时	您好！我是××供电公司的××，请问您需要什么帮助	什么事？不知道
11	客户打错电话时	您打错了，这里是××供电公司	打错了、错了
12	未听清楚，需要客户重复时	对不起，我没听清楚，请您再说一遍，谢谢您	听不清楚、听不到
13	接到的电话问题不属于本岗位职责时	对不起，请您拨打××电话找××(咨询)	打错了、这事我不管

续表

序号	服务内容	服务用语	服务忌语
14	工作出现差错时	对不起、请原谅、请多批评	错了、你生什么气
15	受到客户批评时	您提的意见有利于改进我们的工作，我们一定虚心接受，请多提宝贵意见	这又不是我的错、有意见找领导去
16	遇有个别客户蛮不讲理时	不用着急，有事好商量，如果您有意见，我可以请有关方面帮助解决	你怎么这么不讲理、我没法跟你谈
17	客户道谢时	没关系、这是我们应该做的	算了、算了
18	客人参观检查工作时	您好！我叫××，负责××工作，欢迎检查指导	你是哪来的？要看什么
19	当客户咨询电价结算时	我们按物价局批准的电价政策文件执行的	这是供电部门的规定

第二节　网格服务人员通用服务规范

一、网格服务人员行为举止规范

（1）行为举止应做到自然、文雅、端庄、大方。站立时，抬头、挺胸、收腹，双手下垂置于身体两侧或双手交叠自然下垂，双脚并拢，脚跟相靠，脚尖微开，不得双手抱胸、叉腰。坐下时，上身自然挺直，两肩平衡放松，后背与椅背保持一定间隙，不用手托腮或趴在工作台上，不抖动腿和跷二郎腿。走路时，步幅适当，节奏适宜，不奔跑追逐，不边走边大声谈笑喧哗。尽量避免在客户面前打哈欠、打喷嚏，难以控制时，应侧面回避，并向对方致歉。

（2）为客户提供服务时，应礼貌、谦和、热情。接待客户时，应面带微笑，目光专注，做到来有迎声、去有送声。与客户会话时，应亲切、诚恳，有问必答。工作发生差错时，应及时更正并向客户道歉。

（3）当客户的要求与政策、法律、法规及本企业制度相悖时，应向客户耐心解释，争取客户理解，做到有理有节。遇有客户提出不合理要求时，应向客户委婉说明，不得与客户发生争吵。

（4）为行动不便的客户提供服务时，应主动给予特别照顾和帮助。对听力不好的客户，应适当提高语音，放慢语速。

（5）与客户交接钱物时，应唱收唱付，轻拿轻放，不抛不丢。

二、网格服务人员仪容仪表规范

（1）供电服务人员上岗必须统一着装，并佩戴工号牌。

（2）保持仪容仪表美观大方，不得浓妆艳抹，不得敞怀、将长裤卷起，不得戴墨镜。

三、营业场所服务规范

（1）营业人员必须准点上岗，做好营业前的各项准备工作。

（2）实行首问负责制。无论办理业务是否对口，接待人员都要认真倾听，热心引导，快速衔接，并为客户提供准确的联系人、联系电话和地址。

（3）实行限时办结制。办理居民客户收费业务的时间一般每件不超过 5min，办理客户用电业务的时间一般每件不超过 20min。

（4）受理用电业务时，应主动向客户说明该项业务需客户提供的相关资料、办理的基本流程、相关的收费项目和标准，并提供业务咨询和投诉电话号码。

（5）客户填写业务登记表时，营业人员应给予热情的指导和帮助，并认真审核，如发现填写有误，应及时向客户指出。

（6）客户来办理业务时，应主动接待，不因遇见熟人或接听电话而怠慢客户。如前一位客户业务办理时间过长，应礼貌地向下一位客户致歉。

（7）因计算机系统出现故障而影响业务办理时，若短时间内可以恢复，应请客户稍候并致歉；若需较长时间才能恢复，除向客户说明情况并道歉外，应请客户留下联系电话，以便另约服务时间。

（8）当有特殊情况必须暂时停办业务时，应列示“暂停营业”标牌。

（9）临下班时，对于正在处理中的业务应照常办理完毕后方可下班。下班时如仍有等候办理业务的客户，应继续办理。

（10）值班主任应对业务受理中的疑难问题及时进行协调处理。

第三节　供电服务提供标准

一、供电服务渠道

依据《国家电网公司供电客户服务提供标准》，服务渠道有以下 6 种：①供电营业厅；②95598 供电服务热线；③电子渠道；④客户现场；⑤银行及其他代办机构；⑥社区及其他渠道。

二、供电服务项目

依据《国家电网公司供电客户服务提供标准》，服务项目有以下 17 种：①新装、增容、变更用电、分布式电源并网及市政代工服务；②故障抢修服务；③咨询服务；④投诉、举报、意见和建议受理服务；⑤服务申请；⑥客户信息更新服务；⑦交费服务；⑧账单服务；⑨客户欠费停电告知服务；⑩客户校表服务；⑪信息公告服务；⑫重要客户停限电告知服务；⑬高压客户电能表换装告知服务；⑭低压客户电能表换装服务；⑮专线客户停电协商服务；⑯保供电服务；⑰信息订阅服务。

受篇幅所限，本手册仅列出了供电营业厅的供电服务。

三、供电营业厅

供电营业厅是供电企业为客户办理用电业务需要而设置的固定或流动的服务场所。本手册只给出固定地点营业厅的设置标准。

1. 服务网络布设

（1）供电营业厅的服务网络应覆盖公司的供电区域，其布设应综合考虑所服务的客户类型、客户数量、服务半径以及当地客户的消费习惯，合理设置。

（2）供电营业厅按 A、B、C、D 四级设置，其要求如下：

1）A 级厅为地区中心营业厅，兼本地区供电营业厅服务人员的实训基地，设置于地级及以上城市，每个地区范围内最多只能设置 1 个。

2）B级厅为区县中心营业厅，设置于县级及以上城市，每个区县范围内最多只能设置1个。

3）C级厅为区县的非中心营业厅，可视当地服务需求，设置于城市区域、郊区，乡镇。

4）D级厅为单一功能收费厅或者自助营业厅，可视当地服务需求，设置于城市区域、郊区，乡镇。

（3）供电营业厅应设置在交通方便、容易辨识的地方。

2. 服务功能

（1）供电营业厅的服务功能包括：①业务办理；②收费；③告示；④引导；⑤洽谈。其中：

1）业务办理指受理各类用电业务，包括客户新装、增容及变更用电申请、故障报修、校表、信息订阅、咨询、投诉、举报和建议、客户信息更新等。

2）收费指提供电费及各类营业费用的收取和账单服务，以及充值卡销售、表卡售换等。

3）告示指提供电价标准及依据、收费标准及依据、用电业务流程、服务项目、95598供电服务热线等各种服务信息公示，计划停电信息及重大服务事项公告，功能展示，以及公布岗位纪律、服务承诺、电力监管投诉举报电话等。

4）引导指根据客户的用电业务需要，将其引导至营业厅内相应的功能区。

5）洽谈指根据客户的用电需要，提供专业接洽服务。

（2）服务功能的设置标准。

1）各级供电营业厅应具备的服务功能为：①A、B、C级营业厅：第①～⑤项服务功能；②D级营业厅：电费收取、发票打印以及服务信息公示等服务功能。

2）各级供电营业厅要求的营业时间如下：①A、B级营业厅实行无周休、无午休；②C、D级营业厅（单一功能收费厅）可结合服务半径、营业户数、日均业务量等实际情况实行周休制，如果周末遇当地赶集日、交费高峰期应安排营业；③除自助营业厅外，其他各等级营业厅实行法定节假日不营业，但应至少提前5个工作日在营业厅公示法定节假日休息信息，并做好交费提示，同步向95598报备。

3. 服务方式

（1）供电营业厅的服务方式包括：①面对面；②电话；③书面留言；④传真；⑤客户自助。

（2）服务方式的设置标准。

1）供电营业厅的服务方式应多样化。

2）各级供电营业厅应具备的服务方式为：①A、B、C级营业厅：第①～⑤种服务方式；②D级营业厅（单一功能收费厅）：第①、③、⑤种服务方式。

3）D级营业厅具备“客户自助”服务方式时，可视当地条件和客户需求，提供24h服务。

4. 服务人员

（1）供电营业厅的服务人员包括：①营业厅主管；②业务受理员；③收费员；④引导员；⑤保安员；⑥保洁员。

（2）服务人员的设置标准。

1）供电营业厅的服务人员应经岗前培训合格，方能上岗工作。要求A级厅的第①～④类服务人员，B级厅第①类服务人员应具备大专及以上学历，达到普通话水平测试三级及以上水平。

2）各级供电营业厅应配备的服务人员为：①A级营业厅：第①～⑥类服务人员；②B级营业厅：第①～⑥类服务人员；③C级

营业厅：第①～③，⑤类服务人员；④D级营业厅（单一功能收费厅）：第③、⑤类服务人员。

5. 服务环境

（1）供电营业厅的功能分区包括：①业务办理区；②收费区；③业务待办区；④展示区；⑤洽谈区；⑥引导区；⑦客户自助区。

（2）服务环境的设置标准。

1）供电营业厅的服务环境应具备统一的国家电网公司标识，符合《国家电网公司标识应用管理办法》《国家电网公司标识应用手册》的要求，整体风格应力求鲜明、统一、醒目。

2）各级供电营业厅应具备的功能分区为：①A、B级营业厅：第①～⑦个功能区；②C级营业厅：第①～④个功能区；③D级营业厅：第②、③、④个功能区。

3）供电营业厅各功能分区的设置标准：①业务办理区：一般设置在面向大厅主要入口的位置，其受理台应为半开放式；②收费区：一般与业务办理区相邻，应采取相应的保安措施，收费区地面应有一米线，遇客流量大时应设置引导护栏，合理疏导人流；③业务待办区：应配设与营业厅整体环境相协调且使用舒适的桌椅，配备客户书写台、宣传资料架、报刊架、饮水机、意见箱（簿）等，客户书写台上应有书写工具、登记表书写示范样本等，放置免费赠送的宣传资料；④展示区：通过宣传手册、广告展板、电子多媒体、实物展示等多种形式，向客户宣传科学用电知识，介绍服务功能和方式，公布岗位纪律、服务承诺、服务及投诉电话，公示、公告各类服务信息，展示节能设备、用电设施等；⑤洽谈区：一般为半封闭或全封闭的空间，应配设与营业厅整体环境相协调且使用舒适的桌椅，以及饮水机、宣传资料架等；⑥引导区：应设置在大厅入口旁，并配设排队机；⑦客户自助区：

应配设相应的自助终端设施，包括触摸屏、多媒体查询设备、自助交费终端等。

4）供电营业厅应整洁明亮、布局合理、舒适安全，做到“四净四无”，即“地面净、桌面净、墙面净、门面净；无灰尘、无纸屑、无杂物、无异味”。营业厅门前无垃圾、杂物，不随意张贴印刷品。

第二章
业 扩 报 装

1. 什么是新装用电？

应答话术：新装用电是指您初次申请用电。

2. 什么是增容用电？

应答话术：增容用电是指您在现有基础上增大容量的用电。

3. 新装用电包括哪些？

应答话术：按照您的用电性质、电压等级不同，申请新装的业务类型有低压居民新装、低压非居民新装、高压新装和临时用电新装等。

4. 增容用电包括哪些？

应答话术：按照您的用电性质、电压等级不同，申请增容的业务类型有低压居民增容、低压非居民增容和高压增容等。

5. 什么是报装容量？

应答话术：报装容量是指您向供电企业申请用电时的申请容量，也就是供电部门允许您可以同时使用的最大容量。

6. 什么是用电容量？

应答话术：是指您申请后，供电企业核准使用的最大功率或视在功率。

7. 什么是装接容量？

应答话术：是指您实际装设的用电设备容量。

8. 什么是合同容量？

应答话术：是指合同中约定的由供电企业提供给您的最大供电容量。

9. 办理新装、增容用电的渠道有哪些？

应答话术：您可以到附近的供电营业厅办理，也可以通过电子渠道线上办理。

10. 办理新装、增容用电的电子渠道有哪些？

应答话术：您可以通过“掌上电力”手机 APP 或 95598 网站直接线上办理，也可以通过电话或微信进行预约报装。

11. 何谓同城异地受理？

应答话术：即同一地区可跨营业厅受理办电申请。

12. 何谓“一证受理”？

应答话术：营业厅实行“一证受理”。所谓“一证”，对个人来说指居民身份证、军人证、护照等公安部门颁发的个人有效身份证明；对单位来说指营业执照、组织机构代码证等工商行政部门颁发的有效证明。

13. 线上直接办电需要哪些申请资料？

应答话术：如果您是个人办电，上传身份证、军人证或护照等公安部门颁发的有效身份证明；如果您是企业或行政事业单位，上传营业执照或组织机构代码证等工商行政部门颁发的有效证件即可。

14. 如何才能查到预约办电的联系电话？

应答话术：您可以通过支付宝搜索“国网河南省电力公司”，找到“国网河南省电力公司生活号”，点击进入后下方中间出现的“预约报装”，点开“预约报装”，选择“所属地市”及“所属区县”，即弹出选择的当地供电部门公开的预约报装电话。

15. 如何实现电话预约办电？

应答话术：您可以拨打当地供电部门公布的预约报装电话，接通后将您的用电需求、用电地址、联系人、联系电话和预约办理时间，告知我们的坐席人员即可。

16. 如何实现微信预约办电？

应答话术：您可以登录“国网河南省电力公司微信公众号”，点击营业厅进入，再点击预约办电弹出“预约新装业务”“预约增容、减容业务”或“预约其他业务”，根据需要点击进入办理相应的业务。以办理“新装业务”为例，按提示依次输入姓名、用电地址、用电需求、预约办理时间、联系电话，然后获取验证码，提交申请成功后，即完成微信预约办电。

17. 办理居民新装、增容用电适用对象？

应答话术：适用对象是用电性质为居民生活用电的高低压客户。

18. 新建居民住宅楼或商业区可否以住户（商户）个人名义进行单独报装？

应答话术：新建居民住宅楼或商业区在建成交付客户使用之前，开发商（建设方）应将电力基础设施建设完成后，才能交付客户，所以只能由开发商（建设方）统一到供电部门申请办理。

19. 农村居民新建房子暂无法提供乡镇以上人民政府颁发的房产或土地证明，可否申请办电？

应答话术：您如果是刚建好的新房，还未拿到乡镇以上人民政府颁发的房产或土地证明，请您提供所在村委会出具的集体土地使用（即平常我们所说的宅基地）证明材料，即可申请办电。

20. 符合什么条件才能申请装设低压三相（动力）表？

应答话术：如果您的单位（或家中）用电设备总容量超过10kW或使用有三相（动力）用电设备，即可申请装设低压三相（动力）电能表。

21. 什么情况下需要办理高压新装用电?

应答话术：一般情况下，如果您申请报装用电设备容量在100kW及以上或装设变压器容量在50kVA及以上的，需办理高压新装用电。

22. 用电设备总容量在50kVA以下的，都可以采用低压供电吗?

应答话术：不一定。假如您使用的用电设备是以伏安或千伏安为单位的非线性负荷（如电焊机、弧焊机、轧钢机等），容量超过50kVA或客户有特殊需求，要求采取高压供电的，只能采取高压方式供电。

23. 申请办理10kV高压报装用电后，供电部门多长时间内答复供电方案?

应答话术：自供电部门受理您提交的用电申请后，10个工作日内向您答复供电方案。

24. 申请办理35kV高压报装用电后，供电部门多长时间内答复供电方案?

应答话术：自供电部门受理您提交的用电申请后，13个工作日内向您答复供电方案。

25. 供电部门答复的供电方案包括哪些内容?

应答话术：供电部门答复给您的供电方案包括用电申请概况、接入系统方案、受电系统方案、计量计费方案和其他事项等内容。

26. 供电部门答复的供电方案有什么用途?

应答话术：供电部门答复给您的供电方案是您内部电气工程设计的依据之一，也是供电部门和您之间合同约定的一部分内容。

27. 重要客户高压报装设计文件提交供电部门后，多长时间内反馈审核意见？

应答话术：供电公司窗口服务人员自接到您的设计文件之日起，3个工作日内完成设计文件审查，并以书面形式答复您设计审查意见。

28. 高压客户内部工程竣工，并向供电公司申请检验后，多长时间内完成竣工检验？

应答话术：供电公司窗口服务人员自接到您的内部工程竣工通知后，3个工作日内完成竣工检验。

29. 高压客户内部工程竣工检验合格后，供电公司多长时间内完成接电工作？

应答话术：自您的内部工程竣工检验合格后，3个工作日内完成装表接电工作。

30. 居民低压用电申请提交后多长时间能用上电？

应答话术：我们接到您提交的居民用电申请后，服务人员会与您联系，在约定的时间内开展上门服务，如现场有空表位具备装表条件，2个工作日内完成装表送电；如现场没有空表位，现场施工在3个工作日内完成，然后装表接电。

31. 非居民低压用电申请提交后多长时间能用上电？

应答话术：我们接到您提交的非居民用电申请后，服务人员会与您联系，在约定的时间内开展上门服务，如现场有空表位具备装表条件，2个工作日内完成装表送电；如现场没有空表位，现场施工在5个工作日内完成，然后装表接电。

32. 低压用电投资界限如何划分?

应答话术：供电公司负责投资电能表箱以上部分（包括负荷侧空开），表箱内负荷侧低压断路器下端头以下部分由您自己负责投资建设。

33. 高压用电投资界限如何划分?

应答话术：您如果是省级以上园区、电能替代或充换电设施用电项目，供电部门负责投资到您规划红线外；其他项目供电部门负责第一道开断装置和电能计量装置的投资建设。

34. 何谓产权分界点?

应答话术：所谓产权分界点也就是您和供电企业之间的投资分界点，一般是指您接入电网的电源接入点。

35. 申请双路电源供电手续如何办理?

应答话术：如您使用的用电设备中拥有二级以上的重要负荷时，可以向供电企业提出双路电源供电申请，然后按照要求提供拥有二级以上负荷的证明材料，按新装手续办理。

36. 申请临时用电手续如何办理?

应答话术：按新装手续办理。

37. 临时用电是否收取费用?

应答话术：办理临时用电时，供电企业不收取任何服务费用。

38. 哪些客户可申请高压装表临时用电?

应答话术：房地产开发、工厂基建、城市建设、道路和桥梁建设等建设周期较长的大型基础建设工程，可办理装表临时用电。

39. 临时用电的期限有哪些规定?

应答话术：临时用电期限一般不超过3年，并在合同中明确，逾期不办理延期或永久性正式用电手续的，应按规定程序终止供电。

40. 临时用电转为永久性用电，应如何办理?

应答话术：在临时用电和永久性用电属同一受电点时，临时用电可以改为永久性正式用电，但需按新装用电办理。

第三章 用电变更

1. 什么是变更用电业务?

应答话术：是指您在不增加报装容量和供电回路的情况下，由于自身生产、经营、生活等变化向供电企业提出申请，要求改变原《供用电合同》中约定用电事宜的业务。

2. 什么是减容?

应答话术：是指您减少合同约定的用电容量。

3. 什么是暂停?

应答话术：是指您暂时停止全部或部分受电设备的用电。

4. 什么是移表?

应答话术：是指您提出移动用电计量装置安装位置。

5. 什么是暂拆?

应答话术：是指您暂时停止用电并要求拆表。

6. 什么是过户?

应答话术：是指您提出改变原有报装用电客户的名称。

7. 什么是销户?

应答话术：是指您提出终止用电或合同到期不再续延。

8. 什么是改类?

应答话术：是指您提出改变用电类别，例如将居民生活用电改为商业用电。

9. 变更用电业务如何办理?

应答话术：您需要办理变更用电业务时，持相关证明到供电企业营业厅或通过电话、微信预约提出变更用电申请，并根据变更事宜变更相应的《供用电合同》条款或重新签订《供用电合同》。

10. 我们家用电量大想多装一块电表，如何办理?

应答话术：抱歉，目前不能办理这个业务。

11. 办理过户时，有啥要求?

应答话术：首先，原户应与供电企业结清电费和其他相关债务；其次，新户用电地址、用电容量或用电类别保持不变。

12. 如何通过电话预约申请变更用电?

应答话术：您可以拨打当地供电部门公布的预约报装电话，接通后将您的变更用电需求、用电地址、联系人、联系电话和预约办理时间，告知我们的坐席人员即可。

13. 如何通过微信预约申请变更用电?

应答话术：您可以登录“国网河南省电力公司微信公众号”，点击营业厅进入，再点击“预约办电”，弹出“预约新装业务”“预约增容、减容业务”或“预约其他业务”，根据需要点击进入办理相应的业务。以办理“减容业务”为例，按提示依次输入用电户号、用户名称、用电地址、减容用电需求、预约办理时间、联系电话，然后获取验证码，提交申请成功后，即完成微信预约变更用电。

14. 暂停用电次数有限制吗?

应答话术：您可以在一个日历年内多次办理暂停用电业务。

15. 暂停时间有要求吗?

应答话术：您在一个日历年内申请办理整台或整组变压器暂停用电后，每次不得少于15天，累计不得超过6个月。

16. 暂停和减容有什么区别?

应答话术：减容和暂停的最大区别就是停止用电的时

间要求不同，暂停时间每次不得少于15天，累计不得超过6个月；减容时间最短不得少于6个月，最长不得超过2年。

17. 我们好长时间没有用电，等再用电时发现没电了?

应答话术：请把您的用电户号报过来，稍等我们帮您查一下，查询发现已经销户。情况是这样的，如果您连续6个月不用电，也没有办理暂停手续，我们可以销户并终止供电；您如果想再用电，请按新装用电重新办理。

18. 暂停用电已经超过半年，想继续停下去该怎么办?

应答话术：在您申请暂停最长时间6个月到期前，及时申请非永久性减容，待手续办理完成后，您的设备停运时间可以持续两年。在这两年时间内，可以随时申请恢复用电。

19. 什么是非永久性减容?

应答话术：您提出的减容期限不超过2年的减容，称为非永久性减容。

20. 什么是永久性减容?

应答话术：您减容期限超过2年的减容，称为永久性减容。减容超过2年后再用电，按新装、增容手续办理。

21. 非永久性减容后容量不够执行两部制电价标准，是否执行单一制电价?

应答话术：如果您单位在此之前执行的是两部制电价，申请非永久性减容后，剩余容量仍按两部制电价标准执行。

22. 永久性减容后容量不够执行两部制电价标准，是否按单一制电价执行?

应答话术：如果您单位在此之前执行的是两部制电价，申请永久性减容后，剩余容量达不到两部制电价标准的，按单一制电价标准执行。

23. **按最大需量计收基本电费的客户，申请暂停有何要求?**

应答话术：您单位如果是按最大需量计收基本电费的，申请暂停用电时必须是全部容量（含不通过受电变压器的高压电动机）的暂停。

24. **减容申请提交后，手续多长时间能办完?**

应答话术：供电企业收到您单位提交的减容申请后，单电源不超过 5 个工作日办理完成，双电源不超过 6 个工作日办理完成。

25. **减容恢复申请提交后，手续多长时间能办完?**

应答话术：供电企业收到您单位提交的减容恢复申请后，单电源不超过 5 个工作日办理完成，双电源不超过 6 个工作日办理完成。

26. **暂停申请提交后，手续多长时间能办完?**

应答话术：供电企业收到您单位提交的暂停申请后，2 个工作日内办理完成。

27. **暂停恢复申请提交后，手续多长时间能办完?**

应答话术：供电企业收到您单位提交的暂停恢复申请后，2 个工作日内办理完成。

28. **居民过户申请提交后，手续多长时间能办完?**

应答话术：供电企业收到您提交的过户申请后，3 个工作日内办理完成。

29. 非居民过户申请提交后，手续多长时间能办完?

应答话术：供电企业收到您单位提交的过户申请后，6个工作日内办理完成。

30. 调整需量申请提交后，手续多长时间能办完?

应答话术：供电企业收到您单位提交的调整需量申请后，1个工作日内办理完成。

供电服务热点问题应答手册

第四章 电费电价

第一节 电价基础部分

1. 电价由谁制定?

应答话术：您好，《中华人民共和国电力法》第四十条规定："独立电网的销售电价，由电网经营企业提出方案，报有管理权的物价行政主管部门核准。"

2. 客户咨询供电公司核定客户电价的依据是什么?

应答话术：您好，供电部门核定电价的依据是：①用电性质；②电压等级；③用电容量。

3. 河南省电网销售电价分类有哪些?

应答话术：您好，2018 年 4 月 1 日起，河南省电网经营范围内，终端销售电价共分为三类，分别是：①城乡居民生活用电电价；②工商业及其他用电电价；③农业生产用电电价。

4. 哪些用电属于商业用电?

应答话术：您好，凡从事商品交换、提供有偿服务等电力客户的用电都属于商业用电。

5. 哪些用电属于居民生活用电?

应答话术：您好，居民生活用电包括：城镇居民生活用电、农村居民生活用电、小区（除物业办公和商业）公用照明、小区电梯消防、学校用电等。

6. 哪些用电属于农业生产电价?

应答话术：您好，农村社队、国有农场、牧场、电力排灌站和垦殖场、学校、机关、部队以及其他单位举办的农场或农业基地的农田排涝、灌溉、电犁、打井、打场、脱粒、积肥、育秧、社员口粮加工（指非商品性的）、牲畜饲料加工、防汛临时照明、黑光灯捕虫用电。

7. 大工业用户的电费由哪几部分组成?

应答话术：您好，大工业用户的电费由基本电费、电度电费和功率因数调整电费组成。

8. 基建临时用电应执行什么电价?

应答话术：您好，基建临时用电不论容量大小，照明或动力均按工商业及其他电价执行。

第二节 低保、五保

1. 我属于“低保户”“五保户”，想享受用电优惠，需要向供电企业申报吗?

应答话术：您好，不需要向供电企业申报，供电企业依据民政部门提供的城乡“低保户”、农村分散供养的“五保户”在册户数，将返还资金在规定的时限内及时拨付至民政部门指定的资金账户。

2. 我属于“低保户”“五保户”，享受哪些优惠政策?

应答话术：您好，先征后返，按照每户每月10度电的标准返还至民政部或财政部门指定账户，由民政部门随低保、五保补助一并发放，具体发放时间请与当地民政部门联系。

3. 我属于“低保户”“五保户”，因政府未及时申请，以前的免费每月10度电是否能返还?

应答话术：您好，如城乡“低保户”和农村“五保户”未能及时申请，不在民政局提供的名单中，前期的免费10度电不能返还。

4. 我属于“低保户”“五保户”，由于用电节约，一个月用电量不足10度电业局怎么处理？

应答话术：您好，不论是否用够10度，每户每月按照10度电标准返还，即每月固定返还5.6元。

5. 我属于“低保户”“五保户”，当年用电不足120度，免费用电未用完，询问该电量能否退还？

应答话术：您好，免费10度电按月计算，免费10度电不跨抄表周期结转，每户每月10度，当月未用完10度仍按10度返还，即每月固定返还5.6元。

6. 租用他人房屋或合表用电的城乡“低保户”和农村“五保户”能申请免费10度电吗？

应答话术：您好，不论客户是租住房屋还是合表用电，只要在民政部门提供的清单中，均可享受每户每月免费用电10度电的优惠。

第三节　营业税改征增值税

1. 普通客户或一般纳税人营业费票据打印是一样的吗？

应答话术：您好，普通客户开具增值税普通发票，一般纳税人开具增值税专用发票。

2. 营改增后是否只能开具增值税专用发票？

应答话术：您好，非一般纳税人（包括个人、小规模纳税人、免征增值税项目、不征收增值税项目、出口项目、销售旧物、法规遵从度不够的、差额纳税的部分项目等）不能开具增值税专用发票，应开具增值税普通发票。

第四节 智 能 交 费

1. 实行智能交费有何依据?

应答话术：您好，因为“电是商品，用电先购买”是市场经济的客观要求，购电制符合市场经济商品交换的原则和规范的市场经济秩序，也符合《中华人民共和国电力法》第三十一条、《电力供应与使用条例》第二十六条和《河南省供用电条例》第三十条等相关法规规定。”

智能交费客户也就是指需要采取此种交费方式的电力客户，就像手机、天然气等客户一样，在使用前先充费，再根据日常使用情况扣费，费用不足时会发送催费预警短信，欠费是系统自动实施中断供电，交费后无须办理复电手续，由系统自动恢复供电。

河南省将逐步在全省进行费控业务推广，目前河南省已有1300余万客户成为智能交费客户。成为智能交费客户后，客户可以及时掌握自家用电情况，随时了解电量、电费等用电消费情况，解决过去客户每月或双月抄表账户时才知道用了多少度电的被动情况，便于客户自助管理用电，及时调整自家用电习惯；此外，这种“先购电、后用电、购多少、用多少”的方式，能有效避免客户因出差、房子出租或其他不便情况，延误交费而影响用电信用等情况发生。

2. 相较传统模式，用户采用智能交费有什么优势?

应答话术：您好，第一，高低压用户每日测算，为客户提供更加细化的用电情况；第二，随购随用，购电灵活，避免占压客户资金；第三，预警提醒，服务更加贴心；第四，全自动运行，服务更加规范。

3. 智能交费客户欠费后会马上停电吗？交费后多长时间可以恢复供电？

应答话术：您好，费控客户可用余额小于0后，系统会发送停电第一次提醒短信，告知客户应于7日内缴纳电费。若7日后仍未交纳足额电费，系统将再次发送停电短信，在短信发送成功30min后实施远程停电。客户续交电费后，系统会自动发送复电指令，供电公司负责在24h内恢复供电。因为您为智能交费客户，系统可以自动复电，复电时间预计在2h内。

4. 交了费，为什么会再次收到欠费短信？

应答话术：您好，实行智能交费业务后，每日会进行电费测算，但供电公司依然是按月进行实际结算（每月或两月），故在您交费后若可用余额仍低于预警阈值，系统会自动再次发送电费预警短信，提醒您再次交费确保可用余额充裕。

5. 我已经足额交清电费了，为什么还不来电？

应答话术：如足额交费后2h内仍未来电，请联系当地客服电话。

6. 高压客户结清电费后，如何复电？

应答话术：高压客户与部分低压动力客户不支持远程复电，您结清电费后，请联系当地客服电话。

7. 我交费成功后会不会收到交费成功的短信？

应答话术：您好，如果您没有订阅过交费提醒业务的话就不会收到。

8. 居民客户咨询晚上可以缴纳电费吗？怎么办理复电？

应答话术：您好，您可通过掌上电力 APP、支付宝、网上银行、代收网点等途径进行交费，交费成功且可用余额大于 0 元后，自动停复电客户 2h（小时）内系统发起复电指令；安全复电客户按短信提示回复内容后，系统 2h（小时）内发起复电指令，如自动复电失败请联系当地客服电话。

9. 智能交费客户变更了手机号码，如何办理？

应答话术：您好，变更联系方式需携带户主身份证明到营业厅办理变更联系方式业务。

10. 智能交费客户要求订阅费控短信时，如何操作？

应答话术：您好，账务联系人后台已给客户档案中账务联系人自动订阅，无需再次订阅；对于非账务联系人，工作人员可直接给客户订阅“费控短信”。

11. 智能交费客户要求退订费控短信时，如何操作？

应答话术：账务联系人不能退订，对于非账务联系人，工作人员可直接给客户退订“费控短信”。

12. 客户反映自己是智能交费客户，为什么还会收到“催费通知单”和“停电通知单”？

应答话术：您好，智能交费客户一般采取电费短信的形式进行催费和停电，但客户未及时预存电费，导致本周期发行电费未及时缴纳，供电公司才会粘贴“欠费通知单”和“停电通知单”。

注：此类情况仅针对智能交费审批停电客户。

13. 智能交费客户欠费或余额不足时，电能表是否有提示？

应答话术：您好，智能交费客户欠费或者余额不足时，电能表不会出现报警灯提示，显示屏也没有提醒，客户会收到“催费预警”短信提醒。

14. 智能交费的计费中是否包含阶梯/分时电价?

应答话术：您好，系统在进行电量电费计算时，已按阶梯/分时电价进行了计算，请您放心。

15. 客户家无电，系统查询显示未实施停电且客户 2h（小时）内有交费记录，如何处理?

应答话术：您好，您可以到您家电能表处观察电能表跳闸指示灯是否长亮？如跳闸指示灯不亮，请观察表计低压断路器是否合闸，未合闸请推上合闸。如果您自行复电未成功或跳闸指示灯处于“长亮”状态，我们会尽快联系工作人员为您复电。

16. 客户家无电，系统查询显示已实施停电且客户 2h（小时）内有交费记录，如何处理?

应答话术：您好，我们会尽快联系工作人员 24h（小时）内为您复电，请您耐心等待。

17. 客户如何判断自己是否为智能交费客户?

应答话术：（1）已签订《费控用户电费结算协议(河南)。（2）如客户收到过费控相关等信息，即为智能交费客户。（3）可前往营业厅咨询或拨打 95598 服务热线，由客服专员进行查询。

18. 客户咨询变为智能交费客户后，是否需要更换电能表?

应答话术：由于电费结算方式的变更，部分老旧的电能表无法实现实时结算功能，因此需要更换电能表。部分电能表已经具备了实时结算的功能，就无需再更换了。

19. 智能交费客户的电费结算周期是多久?

应答话术：您好，河南省智能交费客户是“日测算、月结算”，待电费发生后统计结算。

第五节 转供电加价

1. 清理规范转供电环节不合理加价行为供电部门如何处理？

应答话术：您好，供电部门将采取公开服务电话，建立反馈渠道，用户可通过价格举报电话12358、供电服务热线95598举报相关违规行为。对于发现的违规加价、不执行国家电价政策等的失信行为，要建立信用档案和失信黑名单，并纳入全国信用信息共享平台对外公布。

2. 客户反映自家电费交给物业（电工），物业收费一元一度觉得收费过高，如何解答？

应答话术：您好，根据你反映的情况，不属于供电公司的直接供电客户，如是小区客户，建议客户与物业或开发商反映，按照与发改办价格〔2018〕72号《关于开展清理规范电网和转供电环节收费工作的通知》要求，必须按照政府物价部门出台的目录电价执行；对于具备条件的，可进行“一户一表”用电改造，实现供电公司对客户直接供电，并执行政府物价部门出台的目录电价。

3. 我是被转供电的客户，但是这电也来源于你们供电公司，对于这样的高电价，你们为什么不管？

应答话术：您好，供电公司作为企业，严格按照政府物价部门的定价收取电费，但没有行政执法权、检查权。建议客户向当地物价部门或向价格监督热线12358反映。

4. 我们现在收电费时间每月都不一样，用了多少随口说，态度又不好，经常扬言不交电费明天就断电，是怎么一回事？

应答话术：您好，根据你的描述，您目前不是我们供电公司的直接供电客户，也就是说，你和供电公司之间并无直接的供用电合同关系。所以您所反映的事情，很抱歉我们无法为您解决。你可以向电费收取的物业或单位协商处理。

5. 我现在用的是××企业的电，但是它供的电压不稳，还经常停电，可以申请用你们供电公司的电吗?

应答话术：您好，一般来说，针对居民区（家属生活区）要求申请直供电的情况，供电公司均是在资金落实、条件符合的情况下进行一户一表改造，但由于牵涉众多的历史遗留问题，需要与您的供电单位协商解决。

6. 我是××商住楼的业主，现在因××故障，已经好几天没有电了。现在供电公司要求我们交××钱，才给我们恢复供电。这个费用是什么名目，有这样的规定吗?

应答话术：您好，由于您不是供电公司的直供客户，停电原因需要进一步确认，如果维修时产生了费用，原则上会按照资产归属确定由谁来承担，建议您的供电方直接与我们联系，供电公司将就停电问题进行核实处理。

7. 如何在95598网站交费操作?

应答话术：您好，打开浏览器，输入网址：http://www.95598.cn/，进入95598网站，在右上角的账户登录区输入用户名称、用户编号、密码，点击登录，完成登录操作，然后根据提示进行交费或查询等业务。

8. 如何在支付宝APP缴纳电费?

应答话术：您好，进入支付宝页面后，点击进入“生活交费”界面，绑定账户号，根据提示完成交费操作。

9. 居民客户如何计算阶梯电费?

应答话术：年度第一挡电量2160kW·h及以下电价0.56元/

(kW·h)，第二挡 2161～3120kW·h 电价 0.61 元/(kW·h)，第三挡 3120kW·h 以上电价 0.86 元/(kW·h)。

总用电量＝第一挡用电量＋第二挡用电量＋第三挡用电量

总电费＝第一挡电费＋第二挡递增电费＋第三挡递增电费。

10. 阶梯电费年度结算周期如何划分?

应答话术：您好，按年为计算周期执行居民阶梯电价，例如：2013 年 1 月 1 日～12 月 31 日的用电量参与 2013 年阶梯电价分挡。

11. 变更用电后电费如何计算?

应答话术：您好，其实际用电天数不足一个月的，按一个月的分挡电量标准计算；超过一个月不足两个月的，按两个月的分挡电量标准计算。

12. 执行居民电价的非居民（含居民合表）客户的电价是多少?

应答话术：您好，以上客户电价在原有基础上每度提高 0.008 元，低压客户 0.568 元/(kW·h)、高压客户 0.529 元/(kW·h)。

13. 家中用电异常如何处理?

应答话术：您好，用电异常有四个方面表现：①如客户为居民用电，则其电量变化可能与天气原因、负荷增加有关；②计量装置异常；③家中线路接地等故障；④其他原因误接入客户家线路。处理办法：其他原因排出后，如怀疑计量装置异常可申请计量管理部门校验表计。

第六节 居民多人口

1. 多人口家庭阶梯电价的挡位怎样划分?

应答话术：您好，家庭常住人口 6 人及以上的一户一表用户，经当地供电企业核实后，月均用电量为280kW·h及以下的执行一挡电价，月均用电量为281～360（含）kW·h的执行第二挡电价，月均用电量为361kW·h及以上的执行第三挡电价。

2. 对多人口家庭执行阶梯电价的是怎样认定？

应答话术：您好，供电企业将于每年1月1日～31日办理当年多人口家庭阶梯电价电量调整登记，请符合条件的客户持与用电地址相应的房产证明、户口本、身份证原件及复印件到当地供电营业厅办理。去年已登记过的客户只需确认信息，如仍符合条件将继续执行该价格政策。多人口家庭认定的有效期为一年。

第七节　居民分时电价

1. 居民客户是否默认开通分时电价？

应答话术：您好，“一户一表”居民客户自愿申请选择执行峰谷分时电价政策，不默认自动开通。

2. 居民客户如何开通分时电价？

应答话术：您可通过营业厅、国网河南省电力公司微信公众号、掌上电力APP进行办理。

3. 居民分时电价执行多长时间可以取消？

应答话术：您好，除鹤壁市申请居民分时电价，执行时间不得少于3个月才能取消，河南省其他地市申请居民分时电价执行时限原则上不少于6个月，才能取消该业务。具体时限以当地发展和改革委员会文件为准。

4. 客户申请如何取消“居民峰谷分时电价”？

应答话术：您好，可在当地营业厅和掌上电力 APP 申请取消“居民峰谷分时电价”业务。

5. 居民分时电价标准及时段划分是什么，如何计算?

应答话术：您好，每日 22 时至次日 8 时在分挡电价的基础上每千瓦时降低 0.12 元，8 时至 22 时在分挡电价的基础上每千瓦时提高 3 分钱。

6. “居民峰谷分时电价”业务办理时限?

应答话术：您好，供电公司对自愿申请峰谷分时电价的用户 1 个工作日内完成换表与变更。

7. 客户成功申请居民峰谷分时电价后，何时开始执行?

应答话术：您成功申请居民分时电价后，分时电费从下个算费周期开始执行。

8. 执行居民峰谷分时电价后，客户可以从哪些途径查询峰、谷段用电量?

应答话术：您可拨打 95598 服务热线查询，或通过电费清单查看峰、谷段用电量。

9. 客户申请居民分时电价后，发票上是否会体现峰谷分时电量信息?

应答话术：您好，目前无法体现峰谷电量信息。

10. 居民客户车库是否执行分时电价?

应答话术：您好，居民车库（小区内居民使用，无对外经营）用电执行居民合表电价，不能选择执行居民分时电价。

11. 申请居民峰谷分时电价是否合算?

应答话术：您好，从用电高峰、低谷的比价关系来看，一年中夜间使用量占到总用电量的20%以上，采用峰谷分时电价就很划算，尤其适用于冬春季夜间用空调取暖的居民。

比如：以月用电量100kW·h，执行一挡电价为例。

(1) 按照原居民阶梯电价执行，应交电费为

100×0.56=56.00（元）

(2) 假定高峰时段用电60kW·h、低谷时段用电40kW·h，按照居民峰谷分时电价执行，应交电费为：

高峰60×0.59=35.40（元）

低谷40×0.44=17.60（元）

合计35.40+17.60=53（元）

综上，该用户该月执行居民峰谷电价后减少电费支出3元。

12. 问题：居民合表用户或执行居民电价的非居民用户是否能申请峰谷分时电价?

应答话术：您好，不能申请峰谷分时电价。

13. 问题：申请峰谷分时电价的收费吗?

应答话术：您好，申请峰谷分时电价不收取任何服务费。

14. 问题：办理分时电价后，是否影响阶梯电价?

应答话术：您好，办理分时电价后不影响阶梯电价，分时电价和阶梯电价叠加执行。

15. 问题：居民分时电价与阶梯电价的关系?

应答话术：您好，居民分时电价与阶梯电价是叠加关系，以阶梯电价为基础，每日在22时至次日8时分挡电价的基础上每千瓦时降低0.12元，8时至22时分挡电价的基础上每千瓦时提高0.03元。

举例说明：王先生执行居民多人口分时阶梯电价，2017

年11月份累计用电量3250kW·h，2017年12月1日抄表峰段电量1000kW·h、谷段电量500kW·h，王先生本月应交电费是多少?

峰段基础电费1000×0.59=590（元）

谷段基础电费500×0.44=220（元）

该用户阶梯指标累计电量为4750kW·h。

年累计一挡可用电量为3360kW·h。

年累计二挡可用电量为960kW·h。

年累计三挡电量大于4320kW·h。

二阶电费960×0.05=48（元）

三阶电费4750−4320=430×0.3=129（元）

王先生12月应缴纳电费为590+220+48+129=987（元）

第八节　居民客户预收款（暂存账）

1. 居民客户想将暂存账余额取出，如何办理?

应答话术：您提供与户主的身份证原件、交费凭证去营业厅办理。

注：河南省目前大部分为智能交费客户，一般不建议客户取出电费余额，以避免账户余额不足造成客户停电。

2. 客户表示交费时交错户号如何处理?

应答话术：你好，因客户自身原因导致的缴错费，供电公司可协助客户处理。

3. 客户电费多交或重复交费，要求退还如何处理?

应答话术：建议客户留存，待以后使用。

注：如客户强烈要求退还，可发起退费流程。

第九节　抄　　表

1. 抄表周期可以随意调整吗?

应答话术：您好，抄表周期不能随意调整。

2. 抄表日期是如何确定的?

应答话术：您好，根据《河南省电力公司电费抄核收工作规范》第七条规定：“经批准确定的抄表例日不得随意变更，抄表日期应相对固定。”

（1）河南省低压用户抄表例日调整为每月1日。

（2）高压客户。以合同约定抄表例日为准。

3. 我多块电能表时，怎么查询客户每块电能表的抄表示数?

应答话术：您好，通过营销系统查询多个电能表，输入相应多个户号，根据客户不同的电能表资产编号，显示对应电能表的抄表记录信息。

4. 客户咨询当月用电量低于多少度不结算?

应答话术：您好，当月用电量无论多少都按实际结算。

5. 我的抄表示数不对，如何处理?

应答话术：您好，请您提供用户编号，在“客户电费/交费信息查询—抄表电量信息”查看电能表资产编号，请客户核对。系统表号与现场一致。

（1）如系统内资产编号与现场不一致，记录客户用户编号、现场表号等信息，派发非抢修工单。

（2）客户不在现场或无法提资产编号，礼貌建议客户核对资产编号后再与我们联系。

（3）客户找不到电能表，记录客户用户编号等信息，派发非抢修工单。

6. 客户咨询不在抄表例日时，是否可以预约抄表?

应答话术：您好，当客户有抄表诉求的时候，可由工作人员联系客户处理。

7. 电费未销账，但已有银行的结算凭证， 是否可以领取增值税发票?

应答话术：您好，不可以，增值税发票需用交费凭条等结算凭证，销账后换取。

第十节 关于预存电费不能开具发票的解释口径

1. 客户反映预存电费无法开具发票，如何处理?

应答话术：你好，根据国家税务总局要求，我们将对您本次缴纳的预存电费开具电费统一收据，不能直接开具发票。待月度结算电费后，将按当月实际发生的电量及电费情况向您开具发票，感谢您的理解和支持。

2. 客户反映预交电费没有发票财务无法记账，如何处理?

应答话术：你好，供电公司开具的预交电费收据可作为记账凭据用于财务记账。如果您需要换取发票，建议您待月度结算电费后，到营业厅开具发票。

第十一节 发票损坏、遗失

发票损坏/遗失如何处理?

应答话术：你好，由于客户责任将发票损坏的，供电公司将不再补打发票，只提供清单（核查票）。该核查票是打印在白纸上且不盖章，此核查票只能作为核查用，不能作为报销的凭证。

注：目前银行不能打印电费发票，客户凭交费凭证到所属营业厅换取。

第十二节　关于客户来电咨询电费中“附加费”的相关问题

1. 确实需要了解代征电费收费细项的客户，如何处理？

应答话术：您好，建议您可在网上查询现行电价文件中电价表或在当地营业厅电价公示牌查看。

2. 客户来电询问，代征电费收费在发票什么地方体现，如何处理？

应答话术：您好，河南各类发票并无代征电费收费项目，如客户咨询详细收费明细，建议客户可在网上查询现行电价文件中电价表或在当地营业厅电价公示牌查看。

第十三节　两部制电价

1. 两部制电价的适用范围是什么？

应答话术：您好，两部制电价的适用范围是受电容量在315kVA及以上（含高压电机）的大工业客户。

2. 两部制电价由哪些部分组成？

应答话术：您好，两部制电价分为基本电价和电度电价两部分。

(1) 电度电价是以实际用电量来计算电费，电费与用电量成正比。

(2) 基本电价代表电力工业企业成本中的容量成本，与用户实际使用多少电量无关。

此外，二部制电价的客户还需执行功率因数调整电费。

3. 客户执行两部制电价的要求?

应答话术：您好，在315kVA及以上的电力用户可选择执行两部制电价或单一制电价，逐步过渡至执行两部制电价，在315kVA以下的电力用户执行单一制电价。电力用户选择执行两部制电价需提前15日向电网企业提出申请，每次执行时间不得低于半年。

4. 基本电费的结算方式有哪些?

应答话术：您好，基本电费的结算方式有两种：①按变压器容量计算；②按最大需量计算。

5. 什么是最大需量?

应答话术：您好，最大需量是指：在客户电费结算期内，一个月中每15min平均功率的最大值。

6. 基本电费的计收方式可否由客户选择，是否能随意变更?

应答话术：您好，基本电费计费方式，可按变压器容量(含高压电动机)计费，也可按最大需量计费，按何种方式计费可由客户选择。基本电价计费方式变更周期从现行按年调整为按季变更，电力用户可提前15个工作日向电网企业按季或三个自然月申请变更基本电价计费方式。

7. 更改基本电费结算方式如何办理?

应答话术：您可携带相关资料到营业厅办理。

8. 基本电费计收方式变更时，当月的基本电费如何结算?

应答话术：您好，大工业客户的基本电费计费方式变更时，变更前后分别按各自计算方式以实际天数进行计算。

9. 按最大需量计算基本电费时，若客户的最大需量低于变压器容量的40%，应如何计收基本电费?

应答话术：您好，按容量总和的40%核定最大需量。

10. 客户办理新装、增容、变更或终止用电时，当月基本电费如何收取?

应答话术：您好，基本电费以月计算，但新装、增容、变更和终止用电当月的基本电费，可按实用天数［日用电不足24h（小时）的，按一天计算］，每日按全月基本电费的1/30计算。

11. 事故停电、检修停电、计划限电是否能扣减基本电费?

应答话术：您好，《供电营业规则》第八十四条规定：事故停电、检修停电、计划限电不扣减基本电费。

12. 备用变压器如何计收基本电费?

应答话术：您好，备用的变压器（含高压电动机），属冷备用状态并经供电企业加封的，不收基本电费；属热备用状态的或未经加封的，不论使用与否都计收基本电费。

13. 对有两路及以上进线的大工业客户，应如何计收基本电费?

应答话术：以最大需量计算基本电费的用户，对于有两路及以上进线的用户，各路进线应分别计算最大需量。

注：供用电合同中有明确规定，按照约定执行。

第十四节　其他或电代煤

1. 我家采用“电代煤”取暖，有什么优惠政策?

应答话术：您好，非集中供暖区域一户一表居民客户，每年1～3月份可向电力部门提出申请，经确认后当年一挡电量增加 300kW·h。

2. 对于小区自行改造建设的电锅炉、热泵、碳晶取暖等电采暖的建设有什么优惠政策?

应答话术：您好，对于小区自行改造建设的电锅炉、热泵、碳晶取暖等电能替代客户，可以采取“集中打包”方式，作为增量参与电力直接交易，与发电企业自主协商交易电价。

3. 我家白天没人，不太用电，但电费每次都挺高的，我们邻居家一直都有人，电费都比我们少很多，是不是我们跟邻居交错了?

应答话术：您好，请您提供详细的用电地址、用电户号，我们可以安排工作人员现场查看，您需提供交费凭证，工作人员协助处理。

第五章
电　能　计　量

1. 家里没有住人为什么有度数?

应答话术：你好，家用电器在待机状态下也会消耗电量，请您在家中无人时，将总电源开关断开。

2. 断开家里的负荷开关，发现电能表仍然转动。

应答话术：断开负荷侧开关，电能表仍然转动，有几种可能：①表后线接反；②表计故障；③有人窃电；④线路有漏电现象；⑤表计错位等。如果认为是表计失准问题，请您携带您的有效证件及相关手续到营业大厅办理校表手续。

3. 我家电能表上次走到9934，这次又变成1180，电能表是不是坏了?

应答话术：电能表显示屏示数如果是四位数，电能表走到9999时会归零，重新开始计量，不是电能表故障。

4. 我的电能表停走了，你们让我补交了1000多度的电量，你们有什么规定?

应答话术：根据《供电营业规则》第八十条第3款规定："其他非人为原因致使计量记录不准时，以用户正常月份的用电量为基准，退补电量、退补时间按抄表记录确定。

5. 我们这换新表了，电量比以前高了，是不是这新表走得快呀?

应答话术：智能电表灵敏度高、精准度高，能感应到小电流。只要有负荷产生，电能表就能准确计量。当将长时间运行的机械式电能表换成智能电能表时，由于机械式电能表长时间运行后磨损，容易出现比标准精度"走慢"现象，换表后计量相比之前要精确，给用户造成多计量的错觉，但这种情况的电费绝不会大幅度增加。

6. 我们这有一栋楼，近几个月总表电量与分表电量总是对不上，损耗达到了40%以上，这是怎么回事？

应答话术：总表和分表电量对不上一般有几种情况：①总表不准；②分表不准；③总表和分表之间线路较长，损耗较大；④个别分表用户有窃电行为；⑤总表与分表抄表时间不一致。如果您认为总表计量不准，可到营业大厅申请校验。

7. 我去营业厅申请校表，但是你们让我先把电费交了，那电表要是有问题，我交了这么多电费怎么办？

应答话术：根据《供电营业规则》第七十九条规定："客户认为供电公司装设的计费电能表不准时，有权向供电公司提出校验申请，在客户办理手续后，供电公司尽快检验，并将检验结果通知客户。如果电能表的误差超过允许范围时，按照规定退补电量。客户对检验结果有异议时，可向供电公司上级计量鉴定机构申请鉴定。客户在申请验表前，其电费仍应按期交纳。验表结果确认后，再行退补电费。"目前供电公司对客户电能表进行免费检定，不再收取验表费。

8 我家电能表前一个月烧坏了，刚在大厅办理的赔表， 现在你们轮换电能表，我觉得我自己掏钱买的电能表应该给我，或者退钱。

应答话术：您好，根据《供电营业规则》，电能表的产权归属于供电公司，除供电企业责任或是不可抗力造成的表计损坏，均需要客户进行赔偿（引自《供电营业规则》第七十七条规定）。

9. 我家停电了可能是电能表烧了，你们派人来看一下吧。

应答话术：您好，我们安排工作人员到现场核实处理。如果确属电能表烧坏了，您需要到营业厅办理相关手续。

10. 轮换电能表未提前通知。

应答话术：您好，按照国家电网公司的规定，换装电能表前，供电企业将提前3个工作日公示预先告知所涉及用户。换装工作要求严格按照规范的流程操作。

更换电能表时，如用户在家则请用户确认旧表底数；若用户不在家，要求以其他方式通知其电能表底数或请居委会签字确认。

11. 轮换电能表时不在家，不知道表计底数怎么办?

应答话术：您好，根据《供电服务规范》第二十一条第一款的规定："轮换电能表客户不在家，无法向客户确认表计底数，要求以其他方式通知其电能表底数或请居委会签字确认。"供电企业拆回的电能表至少存放30天，以便用户提出异议时进行复核。同时，我也可以在系统中为您查询表计底数信息。

12. 用户这个月新换的电能表，本月电量怎样计算?

应答话术：您好，工作人员更换电能表时，会记录好旧表上的电量数，减去您上月旧表的表底数，再加上新表的走数，就是您本月的用电量。

13. 怎样理解电能表的容量?

应答话术：电能表的容量是以电能表允许通过的安全电流表示，如某电能表主要额定参数是：220V、5（60）A，表示电能表的额定电压为220V，基本电流为5A，最大额定电流为60A。使用负荷如果超过电能表的最大额定电流，电能表可能会烧坏，甚至导致火灾。在这种情况下，应及时办理增容。

14. 客户反映电能表红灯经常亮，怀疑电能表走得快怎么办？

应答话术：电能表红灯闪烁并不是闪一次即为一度电，例如，新式的单相智能费控电能表常数 1200imp/(kW·h)，即电脉冲灯闪 1200 次为一度电。如果红灯闪烁，说明您正在用电，红灯闪烁的慢表示用电量小，红灯闪烁的快即表示您家中用电量较大。当红灯亮时停止用电，红灯会停留在静止常亮状态，不再闪烁；反之在灯灭时停止用电，红灯会停留在灭的状态。这表示电能表计量正常。

15. 客户反映电能表显示屏常亮，显示 Error－004。

应答话术：您好，是因为电能表内部电池电量不足，但不影响计量。如您有需要，我们会通知工作人员进行现场核实处理。

16. 客户反映电能表黄灯经常亮。

应答话术：您好，黄灯为欠费停电指示灯，如您家中电能表黄灯频亮，请及时交纳电费（交费成功后请择时核查黄灯是否依然频亮）。

17. 用电量大小与电能表是多少安有什么关系？

应答话术：您好，用电量的大小与电能表多少安没有关系。例如：220V、5（60）A，标示的 5A 称为基本电流，60A 为电能表的额定最大电流，提示用户使用时不能超过该值，在最大电流范围内使用是安全的，与用户用电量多少并无关系。

18. 电能表黑屏是有故障吗？

应答话术：您好，是因为电能表内部电池电量不足，但不影响计量。我们会尽快安排工作人员预约用户至现场核查，确实是表计问题，予以更换。

19. 感觉自家的电能表走得不准，该如何申请校对或换表？

应答话术：如果用户对智能电能表的准确性产生疑问，可以通过拨打 95598 电话、登陆 95598 智能互动服务网站、到营业厅登记等方式申请电能表校验，接到申请后我们会预约用户，并可在用户见证下进行检测，同时承诺在受理客户计费电能表校验申请后 5 个工作日内出具检测结果。如果电能表有问题，供电公司会根据检测结果进行有关电费退补并免费换装新表。

20. 对表计检定结果仍有疑问。

应答话术：您好，如用户对检定结果仍有异议，可由供电公司工作人员陪同，到当地政府计量行政部门申请仲裁检定。

21. 电能表产权归属。

应答话术：电能表的产权归属取决于电能表换装工程的投资主体，如果工程为供电部门投资则电能表的产权属于供电企业。

22. 智能电能表换装的必要性。

应答话术：智能电能表具有大容量数据存储和自动抄表功能，可有效支撑阶梯电价、分时电价对计算电量电费的要求；通过自动远程抄表和信息传送功能可有效降低人工抄表差错，增强与客户用电信息互动，让客户用电更透明。

23. 怀疑与邻居家电能表接反。

应答话术：您好，我们会尽快安排工作人员预约用户至现场核查，经核实确为表后线接错，会及时给用户进行电费退补。

24. 换为智能表后，电能表走快了，费用更高了，怀疑电能表不准。

应答话术：您好，智能电能表与普通电能表比较，智能电能表在计算电量的功能和性能方面与普通电能表是一致的，都是严格遵循国家标准制造的。主要区别是它比普通电能表增加了数据通信、安全密钥、数据冻结和存储、电能表状态自检等，适应阶梯电价管理的相关功能。

25. 电子表与机械表有什么区别？

应答话术：您好，从计量方式及测量结果来讲并没有什么区别。但在内部结构上就有根本性区别，一个叫静止式（或电子式），一个叫感应式（或机械式）。感应式表顾名思义是利用电磁感应原理制造而成。静止式表是根据电能测量原理利用电子电路来实现计量的。

从性能上比较，机械表因为驱动力矩大不容易出现完全停走现象，电子表则往往会出现卡字现象，就是只发脉冲不计数；除此之外，电子表的其他性能都优于机械表，电子表具有功能强大、误差特性好、过载能力强、电压适应范围宽、运行维护简单等特点。

26. 为什么现在都在用电子表？

应答话术：您好，迄今为止感应式电能表已使用了较长的年限（100 年），随着电力事业的发展和电力自动化技术的提高，其功能已越来越受到限制，更不能满足如自动抄表、负荷控制和分时计量等近年发展起来的新技术需要，这样一来，电子式电能表就应运而生了。

27. 为什么实行居民集中抄表？

应答话术：您好，我们国家为了提高居民用电水平，投巨资进行了“两网”改造，实现了城乡居民用电一户一表制，搞好优质服务，使抄表及时准确又不扰民，提高对居民用电的现代化管理水平。因此在居民较集中的新村安装了集中抄表系统。

28. 电子表比机械表快吗?

应答话术：您好，首先应该这样说，电子表比机械表准。这也是符合买卖公平原则的。为什么说是准的呢？这是因为电子表与机械表的结构不同所决定的，机械表由于转动引起的机械磨损和振动引起的机械变形，很容易造成误差超差。电子表不像机械表有转盘，也就没有机械磨损，因此它的误差特性较好，从轻负载到最大负载的误差曲线基本是平直的，比较容易控制误差，准确度比机械表高，从准确度等级比较电子表是2级，机械表是2级，但是电子表的计量误差是控制在±1%之内的。

29. 什么是自动抄表

应答话术：您好，根据采集任务的要求，自动采集系统内电力用户电能表的数据，获得电费结算所需的用电计量数据和其他信息。

30. 电能表数据如何实现采集?

应答话术：采集终端按照设定的抄表日或定时采集时间间隔对电能表数据进行采集、存储，终端记录的电能表数据，与所连接的电能表显示的相应数据一致。

31. 客户需打开表箱，该如何处理?

应答话术：客户不可随意打开计量表箱，如有需求（如开封等），可联系供电公司。

（1）不停电。无论新式表箱还是老式塑料组合表箱，客户均可根据需要自行打开出线室门，但工作结束后要将其门关闭。

(2) 停电。客户处理内部故障，不需开启表箱进线室和电能表室，客户自行直接断开自家电表前低压断路器即可处理，如表前无开关无法停电需要打开进线室或电能表室门可派报修单处理，由供电部门派员处理。

备注：高层住宅小区电能表井/电井房的打开、封闭属物业产权维护范围，请客户联系物业打开电能表井/电井房。

建议话术：您好，××先生/女士，因您是高层住宅小区，电能表安装在电能表井/电井房内，电能表井/电井房属物业产权维护范围，请您联系物业打开电能表井/电井房。

32. 供电公司的铅封为什么不能去掉？ 有什么作用？

应答话术：铅封是利用一种特定专用的标志来显示不准乱动或有人动后就不可复原的一种方法。这主要是对电能表的精度起到证明和保证的作用。如果去掉，供电公司有权怀疑您的电能表有做过手脚的嫌疑，需要对你的电能表进行检定。

33. 光伏发电电能表如何配置？

应答话术：第一种对于自发自用余电上网的客户，需要安装两块表，其中一块表计量上下网电量，主要用于跟供电公司进行电费结算，另一块表计量光伏发电电量，主要用于光伏发电的有关政策性补贴的结算。

第二种对于全额上网的光伏发电站，安装一块关口电能表计算客户的上下网电量。

34. 客户咨询办理验表手续，但电能表资产属于客户，如何处理?

应答话术：您好，由于电能表资产属客户，所以分表的购置、安装、校验等相关事项均不属供电公司受理范围，应请客户自行处理。

建议话术：由于电能表资产属客户，所以不在供电公司受理范围。如您需要验表，请去市质量技术监督局计量检测中心。

35. 分表用户咨询电能表使用时间过长如何更换? 想换一个新电能表，是否需要通过你们供电公司呢?

应答话术：您好，如果您的电费不是缴到供电公司的，电能表属于客户资产，分表用户换电能表是不需要通过供电公司的，可以购买一只符合国家有关规定的电能表，自行找电工更换。

如果您的电费缴到供电公司，属于供电公司资产，供电公司的分表在安装后会在营销业务系统中自动生成安装时间和轮换时间，一般根据计量装置类型划分，时间不等但不会超过电能表使用寿命周期，到时间供电公司就会有装表接电人员换表，无需用户支付任何费用。

36. 智能表的平均寿命是多少?

应答话术：您好，在正常工作条件下，居民用单相智能表的寿命为8年。

37. 电能表上RXD和TXD灯同时亮是什么情况?

应答话术：您好，电能表上面的RXD和TXD红绿灯是电能表的接收信号灯和发射信号灯。RXD、TXD属于数据通信，RXD表示接收数据，TXD表示发送数据。一般情况下两个灯是轮流闪亮，当两个灯同时常亮时，表示采集模块出现故障，我们会联系工作人员现场核查并处理。

38. 居民用单相智能电能表循环显示的内容表示什么？

应答话术：您好，单相智能电能表每屏显示时间为5s，循环显示当前有功总电量、当前有功峰电量、当前有功谷电量。因不同批次的电能表不同，电能表屏幕显示也不同，我们可以安排当地的工作人员根据您实际使用的电能表给您解释。

39. 三相智能电能表的规格与用电容量的关系是什么？

应答话术：您好，对于三相低压电源供电客户，根据客户申请用电容量配置相应的计量电能表规格，对新装客户电能表规格至少配置5（60）A；分相最大负荷电流大于60A时应经低压电流互感器计量，电能表电流规格为1.5（6）A。

40. 安装智能电能表有什么好处？

应答话术：您好，智能电能表的四大好处是：

（1）节省电费开支。用户可充分利用峰、谷电价的差异自主定制用电方案，做到用相同的电，花最少的钱。

（2）消费自主透明。用户在自家电能表上就可以查询当前电能表底数，计算正常抄表周期电量，轻松掌握用电信息，做到明明白白消费。

（3）停电后恢复迅速。可以实现远程停送电功能。

（4）有效防止电能表故障。通过智能电能表的远程信息传送功能，电力工作人员可以实时监控电能表工作状态，及时发现电能表故障，避免给用户带来损失。

第六章

故　障　报　修

第一节 变压器故障

一、客户直接反映变压器问题

1. 客户反映公用变压器漏油/着火。

应答话术：感谢您提供的信息，我们立即安排工作人员现场查看处理（请客户提供具体详细位置）。

2. 客户反映公用变压器故障停电。

应答话术：（1）未知停电。“感谢您提供的信息，我们立即安排工作人员现场查看处理（请客户提供具体详细位置）。”

（2）已知停电。“您所在区域的变压器（线路）出现故障，已通知相关工作人员正在抢修，预计恢复供电时间为××时，由此给您造成的不便，请您谅解。”

3. 客户反映小区/市场专用或商用变压器停电。

应答话术：供电公司只开展对公用变压器进行故障维修，建议您联系物业/设备管理单位进行维修，供电公司也可安排用电检查配合验收。

4. 客户反映家属院里的变压器响声大。

应答话术：供电公司只开展对公用变压器进行维护管理，公用变压器噪声问题，我们安排工作人员现场查看。小区/市场专用或商用变压器噪声问题，建议您联系物业/设备管理单位进行处理。

5. 客户反映变压器距离房屋太近。

应答话术：变压器与周围围墙的距离是1m，操作方向的距离是1.5m，一般变压器安装的位置是经过规划审批的。

二、其他问题

1. 客户咨询短时停电。

应答话术：（故障倒负荷）停电给您带来的不便请您谅解。线路上是短时间倒负荷停电，半小时内就能恢复供电，请您耐心等待。

2. 客户反映家中出现瞬间停电又来电的情况。

应答话术：主线路上出现故障，我们在判定具体故障点。给您带来的不便请您谅解。

3. 客户咨询道路改造后废弃线杆移除问题。

应答话术：给您生活带来不便了，为拉大城市框架，很多道路在原有的基础上进行扩宽，在道路改造后，如道路扩宽迁移不到位，可能会出现废弃线杆遗留问题，我们会尽快安排人员处理，请您耐心等待。

4. 客户咨询道路改造后路中线杆迁移问题。

应答话术：给您生活带来不便了，为拉大城市框架，很多道路在原有的基础上进行扩宽，在道路改造中，造成道路中有正在使用的线杆，供电公司会安排工作人员现场核实线杆资产归属，如果属供电公司，我们会积极与政府相关部门协商处理，争取尽快解决。

5. 客户来电反映家电外壳带电/家中水管漏电。

应答话术：您反映的室内线路产权不属于供电公司，请您先将家中总开关断开确保安全，并请专业电工协助您查看家中线路是否存在漏电情况。

6. 客户对检修停电不满意。

应答话术：为了确保线路运行安全，我们特对您所在线路进行检修，因线路检修停电为您带来不便，请您谅解。

7. 客户反映连续多日停电 （频繁停电）。

应答话术：您所反映的问题，我们已上报至主管部门，经了解是由于××原因造成的，同时针对目前的故障，我们已经优先安排抢修，给您的生活带来了不便，请您谅解。

8. 客户反映小区经常停电（临时用电）。

应答话术：您好，经查询，您小区电力设施目前使用的电源是用于基建的临时电源，临时电源容量小、可靠性差，无法保证居民的正常用电。基建工程完毕后，需由开发商向供电企业提出正式用电申请，待小区受电工程建设完毕并验收合格后方可送电。建议您向开发商反映，督促其尽快到电力部门办理相关手续。

9. 客户反映附近电压低。

应答话术：您好，您反映的电压低问题，我们立即安排工作人员现场查看测量（请客户提供具体详细位置）。

10. 客户反映附近电压较高。

应答话术：请您先暂时关闭正在使用的家用电器，以免电器损坏，我们立即安排工作人员现场查看处理（请客户提供具体详细位置）。

11. 客户反映路边的电线着火。

应答话术：感谢您提供的信息，我们立即安排工作人员现场查看处理（请客户提供具体详细位置）。

12. 客户反映有人在表箱内私拉乱接。

应答话术：感谢您提供的信息，我们立即安排工作人员现场查看处理（请客户提供具体详细位置）。

第二节 路灯、交通信号灯、广告灯箱

1. 客户反映红绿灯不亮。

应答话术：红绿灯属于交警部门管理，建议您可向交警部门反映。

2. 客户反映路灯不亮。

应答话术：路灯不属于供电公司管辖设备，建议您可以向市政部门反映。

第三节 故障报修基础

1. 低压客户反映无电，抢修人员到现场查看，非抢修范围。客户询问其产权分界。

分界点为表箱内电能表后第一断路器，电能表箱及以上部分（包括下户线、表箱、电能表、互感器、表箱内断路器和电能采集装置）归供电公司所有。电能表箱出线及以下用电设施归用户所有。

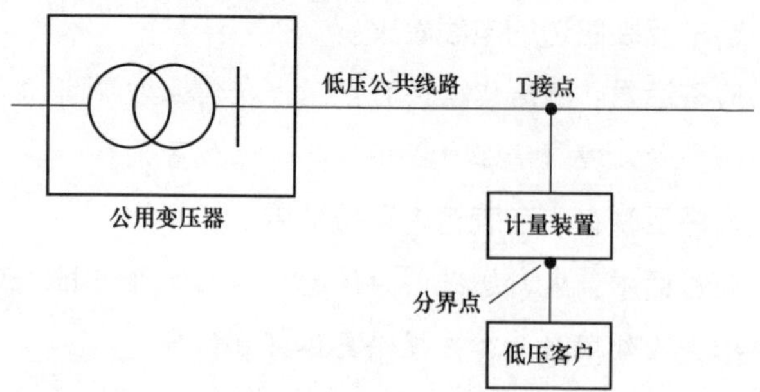

2. 高压客户反映无电，抢修人员到现场查看，非抢修范围。客户询问其产权分界。

省级及以上园区内项目、电能替代项目、充换电设施项目的分界点为客户规划用电区域红线。分界点电源侧设施归供电公司所有（包括开关站、环网柜、分接箱、电杆、智能型断路器、计量装置等）。

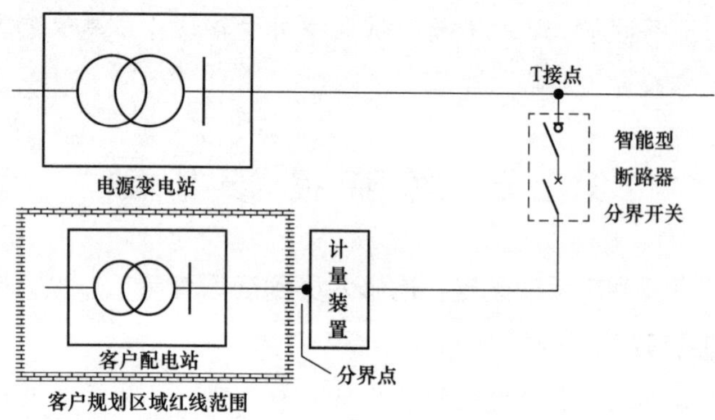

省级及以上园区外项目的分界点为接入公用电网的连接点，分界点电源侧供电设施归供电公司所有（包括开关站、环网柜、分接箱、电杆、智能型断路器、计量装置等）。分界点负荷侧的用电设施归用户所有。

3. 客户咨询从线杆到单元墙上的是什么线路。

应答话术：从低压配电主线路引至建筑物墙外第一支持物（墙头铁板，也称角铁），这段线路称为接户线，又称“下户线”。

4. 客户反映从线杆到单元墙上的线路有打火、断线故障。

应答话术：感谢您提供的信息，我们立即安排工作人员现场查看处理（请客户提供具体详细位置）。

5. 客户反映进单元表箱的线路打火、断线故障。

应答话术：感谢您提供的信息，我们立即安排工作人员现场查看处理（请客户提供具体详细位置）。

6. 客户反映单元表箱进到客户家的线路打火、断线故障。

应答话术：您反映的该段线路是进户线，属于客户产权，建议您找专业电工处理（多家进户线粘连情况）。

7. 客户咨询未按计划停、送电。

应答话术：（1）如接到计划变更通知。“很抱歉，由于××原因，施工未能如期进行（完成），计划改为×时至×时左右，因线路检修给您带来不便，请您谅解。”

（2）如未接到计划变更通知。“您好，我们暂时未接到计划变更（取消）通知，请按停电通知时间做好停电准备。因线路检修给您带来不便，请您谅解。”

8. 客户咨询计划停电没有接到通知。

应答话术：因计划检修停电一般通知到小区物业或电工，您今后可通过关注国网河南省电力公司微信公众号、95598互动网站等信息渠道了解。

第四节 居 民 故 障

1. 低压居民客户反映单户停电。

应答话术：请您先检查一下自己家中及电能表处低压断路器是否跳闸。排除开关跳闸因素，核对客户电费是否按时结清，如均无问题，我们立即安排工作人员现场查看处理（请客户提供具体详细位置）。

2. 低压居民客户反映家中低压断路器合不上。

应答话术：请您按一下在家中总开关旁边漏电保护器上的按钮，然后再尝试合上开关。

3. 低压居民客户反映家中无地线或地线故障。

应答话术：居民家中线路属于客户产权，建议您找专业电工处理。

4. 低压居民客户反映单户电压低。

应答话术：您需要考虑是不是您的用电负荷过大，建议您可以找有资质的电工检查您的表后线路。

5. 低压居民客户反映单户电压高。

应答话术：请您先暂时关闭正在使用的家用电器，以免电器损坏。建议您可以找有资质的电工检查您的表后线路接线是否正常，我们立即安排工作人员现场查看表箱内线路是否存在问题（请客户提供具体详细位置）。

第五节 高 压 故 障

1. 客户咨询高压故障及来电时间。

应答话术：（无预计时间）您所在的地区目前出现高压线

路故障，我们工作人员正在排查故障点。目前恢复送电的时间不好确定，查到故障点后会预计出恢复供电时间。停电给您带来的不便，请您谅解。

（有预计时间）您所在的地区目前出现高压线路故障，预计送电时间为××点，我们会加快抢修速度尽快恢复供电，给您造成的不便请谅解。

2. 高压故障恢复供电后，某小区反映附近都来电了但他们这个小区仍没有来电。

应答话术：您的小区配电房低压开关需人工恢复送电，我们立即安排工作人员现场合小区配电房开关。

3. 客户反映高压故障处理时间长。

应答话术：（1）电缆故障。您所在的线路目前属于地下电缆故障，需要进行破路处理，用时较长，我们会加快抢修速度尽快恢复供电。

（2）树线矛盾。您所在的线路故障需要进行砍树处理，正在与绿化部门协商用时较长，我们会加快抢修速度尽快恢复供电。

（3）阻挠施工。您所在的线路故障我们工作人员已经在现场，但因现场有人阻挠施工影响了抢修进度，我们正在协商会加快抢修速度尽快恢复供电。

第六节 家 电 赔 偿

1. 居民客户反映多户电器烧毁。

应答话术：您好，请留下您的详细地址和电话，保持家用电器损坏原状，我们会在24h（小时）内派人赶赴现场调查、核实。

2. 居民客户反映单户电器烧毁。

应答话术：您好，请留下您的详细地址和电话，保持家用电器损坏原状，我们会在24h（小时）内派人赶赴现场调查、核实。

3. 对小区物业交费的客户，小区内部故障后，发现电器烧毁，客户索赔。

应答话术：您的小区内部故障不属于供电企业的维护范围，建议您向小区物业反映。

4. 客户对家电烧损后赔偿不满意。

应答话术：我们会安排相关工作人员再次与您联系（请客户提供具体详细位置）。

5. 客户反映家电烧损后处理时间长。

应答话术：我们落实一下情况，会安排相关工作人员再次与您联系（请客户提供具体详细位置）。

第七节　计　量　装　置

1. 客户反映电能表箱没有上锁。

应答话术：感谢您提供的信息，我们会安排工作人员到现场查看处理（请客户提供具体详细位置）。

2. 客户反映处理内部故障需停电。

应答话术：客户处理内部故障，您直接断开自家电能表后低压断路器即可处理。

3. 客户反映表箱破损/掉落存在安全隐患。

应答话术：感谢您提供的信息，我们立即安排工作人员现场查看梳理（请客户提供具体详细位置）。

4. 客户反映表箱内有糊味（或线路松动、异常响声、箱体带电）。

应答话术：感谢您提供的信息，我们立即安排工作人员现场查看处理（请客户体统具体详细位置）。

5. 客户反映表箱位置不合理/太低。

应答话术：感谢您提供的信息，我们立即安排工作人员现场查看处理（请客户提供具体详细位置）。

6. 客户咨询电表上显示 Err 是什么意思。

应答话术：感谢您提供的信息，显示 Err 是代表电能表出现故障，我们立即安排工作人员处理（请客户提供具体详细位置）。

7. 客户反映表计轮换没有通知。

应答话术：大批量的表计轮换我们都会在小区贴出公告，并注明更换时间，请您留意小区张贴的公告。

在日常巡视中发现的少量故障表计更换也会在电能表箱留有相应的通知，请您留意电能表箱处张贴的通知。

8. 客户反映电能表不准确。

应答话术：我们可以帮您预约电能表校验业务，会有工作人员联系您处理。请您提前准备户主身份证复印件。我们的工作人员会在客户的监督下将原表拆下封存进行校验。

9. 我家停电了可能是电能表烧了，你们派人来看一下吧。

应答话术：您好，我们安排工作人员到现场核实处理。

10. 我家停电了，一看表箱，电能表丢了，你们派人来看一下吧。

应答话术：您好，如果电能表丢了，您需要报警并到营业厅办理相关手续。

11. 电能表箱（井）进水需处理。

应答话术：您好，如您发现电能表箱（井）有进水情况，供电公司会立刻安排人员到场处理。在工作人员到达之前，请协助我们保护现场，避免人员发生触电，谢谢。

12. 表箱着火需处理。

应答话术：您好，如您发现电能表箱有着火情况，供电公司会立刻安排人员到场处理，并同时拨打119火警电话。也请您远离着火位置，不要围观，避免因着火引起的浓烟对您造成影响。

第八节　线　路　故　障

1. 架空线路或电缆线路打火或冒火。

应答话术：您好，如您发现架空线路或电缆线路打火或冒火，我们会安排工作人员到场核实处理。也请您远离故障位置，不要围观，避免对您安全造成影响。

2. 架空线弧垂过低或断线垂落。

应答话术：您好，如您发现架空线弧垂过低或断线垂落，我们会安排工作人员到场核实处理。也请您远离故障位置，避免对您安全造成影响。

3. 异物搭线。

应答话术：您好，如您发现有异物搭线情况，我们会安排工作人员到场核实处理。也请您远离故障位置，避免对您安全造成影响。

4. 分接箱异响或冒烟。

应答话术：您好，如您发现有分接箱异响或冒烟情况，我们会安排工作人员到场核实处理。也请您远离故障位置，不要围观，避免对您安全造成影响。

5. 电缆沟冒烟。

应答话术：您好，如您发现有电缆沟冒烟情况，我们会安排工作人员到场核实处理。也请您远离故障位置，不要围观，避免对您安全造成影响。

6. 电线杆倾斜或裂纹。

应答话术：您好，如您发现有电线杆倾斜或裂纹情况，我们会安排工作人员到场核实处理。也请您远离故障位置，不要围观，避免对您安全造成影响。

第九节　窨　井　盖

1. 窨井盖产权问题。

应答话术：您好，如您发现窨井盖有缺失、损坏、塌陷情况，请观察井盖上是否有标识（如国家电网、电力等字样）、井下是否敷设缆线等。我们会安排工作人员到场核实处理。也请您远离该位置，避免对您安全造成影响。

2. 窨井盖用户处理。

应答话术：建议客户在现场做好安全防护措施，如在井盖处放上树枝、木板、石头等一些醒目的设施，以防止行人不慎掉入。

第十节　噪　　声

1. 噪声来源核实。

应答话术：您好，如您发现有设备噪声影响您正常生产生活，需供电公司配合核实噪声来源，我们会安排工作人员到场配合。

2. **噪声标准。**

应答话术：（1）0类声环境功能区。指康复疗养区等特别需要安静的区域：昼间50dB、夜间40dB。

（2）1类声环境功能区。指以居民住宅、医疗卫生、文化教育、科研设计、行政办公为主要功能，需要保持安静的区域，昼间55dB、夜间45dB。

（3）3类声环境功能区。指以工业生产、仓储物流为主要功能，需要防止工业噪声对周围环境产生严重影响的区域，昼间60dB、夜间50dB。

（4）高速公路、一级公路、二级公路、城市快速路、城市主干路、城市次干路、城市轨道交通（地面段）、内河航道两侧区域：昼间70dB、夜间55dB。4b类为铁路干线两侧区域，昼间70dB、夜间60dB。

3. **供电公司设备噪声处理。**

应答话术：您好，您所反映的供电公司设备噪声问题，我们将安排工作人员到场进行测量，如确实超出正常的噪声标准，将进行相应的降噪措施降低噪声对您的影响。

第十一节　故障报修处理步骤及方式

1. **故障报修停电范围。**

应答话术：（1）停电发生在白天。请您观察集中安装的电能表，看看周围邻居的电能表显示屏是否有显示（智能表）/电能表峰谷指示灯是否常亮（多费率电能表）。

(2) 停电发生在晚间。请您看看前后楼栋或住户有没有灯光，也可参照白天观察电能表的情况。

抢修人员可根据停电范围对故障进行分析和判断，故障范围不同，派出的抢修人员数量与携带的维修材料也不同。所以，客户如能较为准确地提供停电范围，便于抢修工作人员判断故障类型，缩短抢修时间。

2. 客户报修用电性质确定。

应答话术：您好，请问您平时电费交哪里，或您提供一下户号，帮您查询一下。如您电费交给供电公司或银行，属于公司的直供户，我们可安排工作人员到场给您处理。如您电费交于物业，则不属公司的直供用户，需您联系物业或单位电工进行进行检查处理。

3. 故障报修到达现场时限承诺。

应答话术：您好，根据《国家电网公司供电服务“十项承诺”》规定，提供24h电力故障报修服务，供电抢修人员到达现场的时间一般不超过：城区范围45min，农村地区90min，特殊边远地区2h。

4. 故障报修受理及处理流程。

应答话术：您好，您拨打95598后，自动转接到天津国网客服北中心，客服代表根据您所描述的故障情况在系统中进行记录，记录完毕后派发工单至您所在地区的供电公司。供电公司受理此工单，根据工单所反映的问题安排相应的工作人员与您联系，到场处理。

第十二节 停电常见问题

1. 什么是有序用电？

应答话术： 由于出现高温天气用电负荷增加、电厂燃煤供应不足、部分机组运行不稳定等原因造成全网或局部出现电力缺口，为确保电网安全稳定运行和电力供应平稳有序。突发事故状态下，电网调度部门依据当地政府批复的《有序用电方案》进行错、避峰限电工作。

2. 有序用电一般涉及哪些用户？

应答话术： 工业用户主要限制电解铝、钢铁、水泥、化工等高耗能行业用电，优先限制违规建成或在建项目，产业结构调整目录中淘汰类及限制类企业，其他高耗能、高排放行业及落后生产能力的用电。非工业用户主要是宾馆、商场、饭店、写字楼和政府机关的空调和照明，以及景观照明、亮化工程、非重点建设工程临时用电。

3. 超电网能力停限电为什么不能提前告知？

应答话术： 实施紧急错避峰时，是由于供电线路超过了最大额定值，为了保证电网安全运行，各级调度采取紧急措施，无法将停电信息提前告知用户。

4. 有序用电要限电多久？

应答话术： 由于当前电力供需平衡存在诸多不确定因素，供电公司也是根据电网运行情况严格执行政府批准的有序用电方案，因此何时执行有序用电，有序用电持续多久无法明确。

5. 计划停电送电时间与公示时间不一致。

应答话术：您好，我们所公示的计划停送电时间为预计时间，因停送电涉及现场操作，需一定时间；同时现场检修工作同时会受各种外部因素的影响，存在一定不确定性。供电公司在现场工作结束后会第一时间恢复送电。

6. 为什么电网要停电检修？

应答话术：

（1）情况一。电力设备在运行一定周期后，为了保证设备的安全稳定运行，需停电进行检修维护。

（2）情况二。在市政施工、拆迁改造时，为保证施工安全，电力线路需要配合停电。

（3）情况三。在新建线路需要接入带电设备时，电力线路需要配合停电。属于计划停电范围的客户，可以通过95598网站查询或拨打95598客服热线进行自动或人工查询停送电时间。

7. 为什么会有电网故障停电？

应答话术：电能从发电厂经过输电线路、变配电站一直到客户，这期间的任一环节设备出了故障，遭到不可抗力（如不可抗拒的台风、暴雨侵袭等自然灾害，人为施工事故，线树矛盾等）的影响都会造成停电事故。

8. 一户停电。

应答话术：我们线路上没有计划停电及故障停电，请您先检查一下自己家的线路及空气开关是否有问题。排除内部故障后仍没有电，可再次联系我们，我们通知工作人员为您处理。

9. 多户停电原因有哪几种?

应答话术:

(1) 计划检修停电和临时计划检修停电。

(2) 超电网能力停限电。

(3) 电力设备故障引起停电。

(4) 恶劣天气引起停电。

(5) 外力破坏引起设备故障停电。

10. 我们这怎么停电了 (属于停电信息中"超电网能力停限电")?

应答话术:您好,停电给您造成的不便,请谅解,由于用电高峰期局部电力供应不足,我们进行短期的限电,保证电网设备和系统安全。根据以往的经验,用电高峰期过后,负荷有所下降,我们会尽快送电,感谢您的理解和配合。

11. 为什么偏偏在中午做饭/晚上的时候停电?

应答话术:您好,停电给您造成的不便,请谅解。因中午是用电高峰,线路出现了超负荷运行,为确保电网安全,在高峰时期,我们进行短期的停电,保证电网设备和系统安全,待电网负荷下降后,会及时恢复供电,请您耐心等待。

12. 为什么对面的小区不停,总是停我们小区的?

应答话术:您好,停电给您造成的不便,请谅解。两个小区可能由不同的线路或变压器供电,或另一个小区有自备电源供电。请您耐心等待,待负荷下降后会及时恢复供电。

13. 为什么天天都停我们小区,都连续停了好几天了,明天是不是还停?

应答话术:您好,停电给您造成的不便,请谅解。如果您小区所在的供电线路或变压器明天没有过负荷情况，就不会出现因电力供应不足而导致的停电。

14. 都停了一天了，什么时候可以恢复供电?

应答话术：您好，停电给您造成的不便，请谅解。待用电负荷下降后，会及时为您恢复供电的，请您耐心等待。

15. 我正常交费，又没有欠费，为什么停我们的电? 是因为你们电不够用了，不碍我们的事啊。

应答话术：您好，停电给您造成的不便，请谅解。在用电高峰时，电力供应不足，为了电网设备和系统安全，会进行超电网能力停限电。如果不进行限电就会使电网一直超负荷运行，造成供电设备损坏，对电网构成巨大威胁，会引起更大范围、更长时间的停电，给您带来更大的损失。

16. 去年天天停，今年也停，你们为什么不采取点措施优化电网?

应答话术：您好，停电给您造成的不便，请谅解。城市建设很快，局部地区供电能力不足，会出现超电网能力停限电、设备过载故障停电等情况。我们通过度夏工程的实施，虽然缓解了相关区域供电设备的过载压力，但是，由于变电站的落地难、配电网送出受阻、用电量增长过快等问题，部分区域的供电线路在度夏高峰期还会出现严重过负荷的情况，为了保证电网的整体安全，我们只能在高峰时段对部分线路采取限电措施，待负荷下降后会及时恢复供电。

17. 我看到报纸、手机、网站、朋友圈里老是说要大面积限电，这是真的么?

应答话术：您好，请您放心，我们肯定不会安排大面积限电的。但是因为高峰时期，局部地区供电能力不足，会出现超电网能力停限电的情况，对于负荷紧张的地区会出现短期停电。

18. 关于超电网能力停限电造成居民客户停电的统一答复口径是什么？

夏季用电高峰，在对企业客户采取错避峰限电措施的情况下，如不能解决电力供需平衡问题。在紧急状况下，为确保电网安全，供电企业会对局部地区采取停限电措施，势必对居民用电造成影响，接到客户抱怨时应做好解释安抚工作。

应答话术：您好，停电给您造成的不便，请谅解，由于用电高峰期局部电力供应不足，为保证电网设备和系统安全，根据省、市政府批复的限电及事故拉闸序位表，供电公司采取了停限电紧急措施。据以往的经验，用电高峰期过后，负荷有所下降，我们会尽快送电，感谢您的理解和配合。

19. 故障停电信息里的预计送电时间不准确。

应答话术：您好，因电网故障属突发故障停电，工作人员在故障发生的第一时间需录入停电信息告知客户此处有突发故障停电情况，在未确定故障点位置及抢修方案前是无法确定具体恢复送电时间的。所以停电信息中的预计送电时间会出现不准确的情况。

20. 计划停电信息的预计送电时间变更。

应答话术：您好，您所反映的问题应属于计划停电工作延期，因电网检修工作可能受到设备、人员等外部因素的影响，在原预计送电时间范围内存在现场工作未进行完毕的可能性，故需要延期，造成送电时间延后。

21. 频繁跳闸的主要原因有哪些？

应答话术：（1）由于部分居民客户家中存有内部故障（如用电设备漏电），因漏电保护器故障原因或没有安装漏电保护器，导致内部故障扩大，引发配电变压器总保护开关动作跳闸，致使总开关控制下的其他居民客户家中断电。

（2）开关配置容量较小，居民家中电器集中使用时，过负荷使开关动作跳闸或长时间高负荷运行导致总开关熔芯烧毁，均会引发客户家中断电。

（3）开关使用时间较长，老化严重。

22. 故障停电未能提前通知。

应答话术：故障停电给您带来的不便十分抱歉，但因突发性故障无法预计，所以供电公司确实无法做到提前通知客户，请您理解。供电公司会尽快抢修，抢修完毕会立刻送电，请您耐心等待。

23. 供电抢修人员已在现场修复故障，但客户反映未见到抢修人员，对“正在抢修”表示质疑。

应答话术：供电公司抢修人员正在努力巡查故障，具体故障点可能与您所在的地点不同。但请您相信，工作人员正在全力抢修，一旦抢修完毕会立刻送电，给您的生活带来的不便我们深感抱歉。

24. 遇恶劣天气原因导致的突发故障，抢修部门明确无法当即对故障进行处理，客户对此表示强烈不满，如何处理？

应答话术：由于恶劣天气的原因，为保证抢修人员的人身安全，现在无法立刻对故障进行修复。将在符合抢修条件的情况下会立即派工作人员进行全力抢修，请您给予理解。因为停电给您带来的不便我们深感抱歉。

25. 客户反映漏电保护器（空气）开关推不上。

应答话术：您好，根据您反映的情况，可能是漏电保护器出现了故障，还有可能是您家中线路有漏电、短路或超负荷现象。根据《供电营业规则》四十七条："供电设施的运行维护管理范围，按产权归属确定。"因漏电保护器（空气开关）及以下产权属于客户资产，请您自行处理。

26. 我们小区经常停电，到底问题出在哪（临时用电结束未转正式用电）？

应答话术：您好，经查询，您小区电力设施目前使用的电源是用于基建的临时电源，临时电源容量小、可靠性差，无法保证居民的正常用电。基建工程完毕后，需由开发商向供电企业提出正式用电申请，待小区受电工程建设完毕并验收合格后方可送电。建议您向开发商反映，督促其尽快到电力部门办理相关手续。

第十三节　电　　压

1. 电压异常有哪些具体表现？

应答话术：电压异常通常一般表现为：电压高、电压低、电压不稳。

（1）电压高表现为：电灯过亮、烧坏，电视机忽然过亮或无法起动等。

（2）电压低表现为：电灯过暗，电饭煲煮饭米饭长时间煮不熟，水泵、空调、电视机等电器无法起动等。

（3）电压不稳表现为：电灯闪烁，空调无法使用等。

2. 供电企业供到客户受电端的供电电压允许偏差是怎样规定的?

应答话术：《供电营业规则》第五十四条规定："在电力系统正常状况下，供电企业供到用户受电端的供电电压允许偏差为：

(1) 35kV 及以上电压供电的，电压正、负偏差的绝对值之和不超过额定值的 10%。

(2) 10kV 及以下三相供电的，为额定值的±7%。

(3) 220V 单相供电的，为额定值的＋7%、－10%(即 198～235.4V)。"

在电力系统非正常状况下，客户受电端的电压最大允许偏差不应超过额定值的±10%。用户用电功率因数达不到本规则第四十一条规定的，其受电端的电压偏差不受此限制。

3. 客户反映家中电压偏高，导致家中电器烧毁?

应答话术：您好，请留下您的详细地址和电话，保持家用电器损坏原状，我们会在 24h 内派人赶赴现场调查、核实。如属供电公司责任引起的家电损坏，我们会按照《居民客户家用电器损坏处理办法》进行处理。

4. 电压较高。

应答话术：请您先暂时关闭正在使用的家用电器，以免电器损坏，我们会尽快通知工作人员去现场处理。

5. 客户反映线路停电，电器烧坏如何赔偿。

应答话术：根据《居民客户家用电器损坏处理办法》第四条、第七条规定："凡供电公司责任的电力运行事故，致使若干家用电器同时损坏时，居民客户应及时向当地供电公司反映，并保持家用电器损坏原状，请您保持电话畅通，我们会在24h内派人赶赴现场调查、核实。从家用电器损坏之日起7日内，受害居民未向供电公司反映并提出索赔要求的，即视为受害者已自动放弃索赔权，供电公司不再负责其赔偿。”

6. 对小区物业交费的客户，小区内部故障后，发现电器烧毁，客户索赔。

应答话术：您好，根据《供电营业规则》四十七条：“供电设施的运行维护管理范围，按产权归属确定。”第五十一条规定：“在供电设施上发生事故引起的法律责任，按供电设施产权归属确定。”产权归属于谁，谁就承担其拥有的供电设施上发生事故引起的法律责任。您的小区内部故障造成您的电器烧坏，您需要向小区物业索赔。

第十四节　零　线　带　电

1. 相线零线接反影响。

应答话术：相线与零线接反虽然不会影响到家里电器的使用，但对于安全用电来讲，是存在隐患的，如果插座处的相线与零线接反的话，会造成家电的控制开关控制的是零线。也就是当家电的开关在断开的情况下，电器内部是带电的，当人接触到金属部分时，就有触电的危险。如您发现家中有此类情况，供电公司会及时安排工作人员到场核实处理，如属您家中线路接线问题，需自行处理。

2. 常见零线带电原因。

应答话术：常见有以下原因：①线路上有电气设备漏电；②零线断裂，在断裂处后面的电气设备中有漏电或较大的单相负荷运行；③变压器三相负荷严重不对称。

第十五节 低压非居民故障

低压非居民故障处理职责是什么？

应答话术：您好，我们是按照资产分界点进行故障处理范围划分的，资产属供电企业的设备出现故障，由公司安排人员进行处理，客户资产设备出现故障，由客户自行处理。

（1）一般情况下参照《供电营业规则》第四十七条规定答复客户："公用低压线路供电的客户，以供电接户线用户端最后支持物为分界点，支持物属供电企业。"

（2）对于和供电公司签订《低压供用电合同》的客户，如需要明确资产分界点，建议客户查阅合同约定，也可建议其向当地营业厅客户经理咨询。

供电服务热点问题

应答手册

第七章

电 动 汽 车

1. 申请办理国家电网公司充电卡需要准备哪些资料?

客户可以分为个人客户和集团客户，办理实名制充电卡时，个人客户应提供本人身份证或护照原件（港澳台同胞需提供往来大陆通行证），集团客户应提供加盖公章的营业执照及法人代表身份证复印件；如为代理人办理，还需提供授权委托书及代理人身份证原件。办理非实名制充电卡时，无须提供任何证件。

2. 充电卡都有哪些充值方式?

营业厅工作人员可为客户办理充电卡充值业务，充值方式有现金充值、POS机刷卡、支付宝圈存和账户圈存。

3. 电动汽车充电过程中要停止充电，如何操作?

正在充电的充电桩显示屏会显示“停止充电按钮”，客户点击该按钮，系统会计算出相应费用，有充电卡的客户输入充电卡密码进行结算，无充电卡的客户输入支付密码进行结算。

4. 如果充电卡被锁，该如何处置?

客户充电时由于未完成结算操作或直接拔充电卡等造成充电卡被锁，可到营业厅办理充电卡解锁业务。解锁时，客户须提供与原办理实名制充电卡相一致的有效证件。

5. 如遇雷电、大雨等恶劣天气，电动汽车能进行充电吗?

如遇雷电、大雨等恶劣天气，电动汽车是可以充电的。但是为保证充电人员和设备的安全，建议先不要充电，等大雨天气过后再进行充电。充电时因空气湿度大，宜将充电机先接通电源，待机工作一段时间后再开始对电动汽车充电。

6. 在高速公路充电时，发现充电卡故障或卡内余额不足的情况，如何处理?

客户下载e充电APP，采用充电二维码、充电账户和密码等方式进行充电。如果客户需要马上充电，可以通过手机下载e充电APP软件，然后注册账号充值，并通过充电二维码扫码或者输入充电账号和密码等方式使用充电服务。

7. 如何下载e充电APP客户端?

e充电APP支持iOS系统和安卓系统，客户可在苹果应用商店、主流安卓应用市场和e充电网站下载。

8. e充电网站的网址是什么?

http：//www.echargenet.com

9. 在e充电网站可以进行哪些操作?

客户可以在e充电网站进行充电桩查找、实用信息查询、账户注册、账户登录、个人主页查询、充电记录查询、发票申请及查询、退费申请以及查询、销卡申请和查询、修改密码等操作。

10. 如何在e充电网站上获取电子发票?

实名制充电卡用户可关联“e充电”电子账户后通过“e充电”网站申请开具发票，也在营业网点申请开具发票。增值税电子普通发票在网站上直接下载或在营业厅直接下载打印即可。增值税专用发票由国网电动汽车服务有限公司统一开具并免费邮寄。

11. 国家电网有限公司为电动汽车车主都可以提供哪些充电服务业务?

主要包含业务咨询、业务受理及投诉处理。

12. 什么情况下充电桩才会停运?

极端天气、设备故障无法运行、充电设施计划检修、充电设施升级改造、外部线路检修改造、充电站场地封闭改造、充电设施布局优化迁址。

13. 发生什么情况充电桩需发起退运?

充电桩由于拆除或易址，需要退出运行，并且不再回复需发起退运流程。

14. 目前电动汽车所用锂离子电池的主要结构和充放电原理?

目前应用于新能源汽车的锂离子电池主要有磷酸铁锂电池和三元锂离子电池。锂离子电池的主要结构包括正极材料、负极材料、隔膜以及电解质几个部分。充电过程是锂离子从正极材料中脱出，通过电解液扩散至负极材料并嵌入负极材料层间，相应的，电子从外电路由正极（氧化反应）流向负极（还原反应）以保持整个系统的电中性。放电过程与充电相反，锂离子从负极材料中脱出，通过电解液扩散至正极材料并嵌入正极材料结构中，相应的，电子从外电路由负极（氧化反应）流向正极（还原反应）以保持整个系统的电中性。

15. 目前市面上纯电动汽车的基本构成、工作原理及主要优点有哪些?

纯电动汽车的结构及原理除了驱动系统和控制系统以外，与传统的燃油汽车并没有本质的区别。总体来说，纯电动汽车由底盘、车身、蓄电池组、电动机、控制器和辅助设施六个部分组成。由于电动机具有良好的牵引特性，因此蓄电池电动汽车的传动系统不需要离合器和变速器。车速控制由控制器通过调速系统改变电动机的转速即可实现。纯电动汽车的结构灵活，省去了油箱、发动机、变速器、冷却系统和排气系统等，相比传统汽车的内燃汽油发动机动力系统，制造和维护成本更低。纯电动汽车的动力源相对简单，本身不排放污染大气的有害气体；可以实现削峰填谷，利用晚间用电低谷时的富余电力充电，大大提高其经济效益。纯电动汽车能源利用效率更高，噪声更低，易于操作。

16. 怎么办理电动汽车充电卡销卡退费业务？

实名制电卡办理销卡退费业务，销卡时，请客户出示与原卡相一致的有效证件，并提供本人银行借记卡账户信息（户名、卡号、开卡银行）和联系电话。原卡有灰锁记录的应先完成解灰操作。销卡后，作废卡由营业网点暂存，由国网电动汽车公司统一回收销毁。告知客户自受理之日起15日内，通过网银转账方式将清算后的卡内余额存入客户银行借记卡账户中。营业网点应严格执行“收支两条线”制度，不允许支出现金。

17. 电动汽车无线充电技术基本原理和无线充电方式是什么？

电动汽车无线充电不需要用电缆将车辆与供电系统连接，在发射端将电能转换成电磁波并发射出去，在接收端接收到电磁波之后，再将其转换成电能对电动汽车动力电池进行供电。目前来说，无线充电主要有电磁感应式、微波传输式及磁场共振式三种不同实现方式。

18. 到2020年我国充电基础设施总体发展目标是什么？

（1）基本建成适度超前、车桩相随、智能高效的充电基础设施体系，满足超过500万辆电动汽车的充电需求。

（2）建立较完善的标准规范和市场监管体系，形成统一开放、竞争有序的充电服务市场。

（3）形成可持续发展的“互联网＋充电基础设施”产业生态体系，在科技和商业创新上取得突破，培育一批具有国际竞争力的充电服务企业。

19. 公交集团用户来到供电营业厅办理大额电动汽车充电卡业务时，线下流程步骤有哪些？

(1) 与用户确定金额和卡数，告知用户国网电动汽车服务有限公司中国农业银行总账户，留下用户联系方式，告知用户转账后联系营业网点并且提供转账凭证。

(2) 收到用户凭证后联系车联网平台专责，等待与财务部确认到账情况。

(3) 收到财务到账凭证后，通知客户前来办理实名制集团充电卡，在平台中以现金方式，一次性将所有金额开卡充值并将所有充值记录解款成一笔解款记录报给车联网平台专责。

20. 各单位编制快充网络规划时，如何进行充换电设施发展需求预测？

(1) 首先进行电动汽车的推广应用需求预测。统计分析规划期内各类型车辆的增长趋势，预测电动汽车发展。

(2) 确定充换电设施配置原则。根据充换电设施测算模型，结合当地实际情况，说明电动汽车与充换电设施的需求匹配方案。

(3) 充换电设施需求预测。根据各类型电动汽车增长预测结果以及充换电设施配置原则，计算各类型充换电设施需求预测。

21. 办理一张实名制充电卡，第二天，卡片没有任何损坏，但是无法读卡，营业人员应如何操作？

因充电卡无法读卡，所以只能先办理挂失，然后进行补卡，但是需要用户补卡后10天后才能补钱。

22. 平台派发抢修工单的理由是什么?

发起充电设施巡视（计划巡视、特殊巡视）流程后发现故障、客户 95598 报修发现故障、车联网平台监控发现故障均会派发检修工单。

23. 充电桩分哪几类?

交流慢充和直流快充。

24. 国家电网的充电桩充电有哪几种充电支付方式?

应答话术：先生/女生您好，有三种，分别为充电卡充电：将充电卡放在卡片感应区进行刷卡，充电桩读卡后输入预设金额即可充电。第二种二维码充电：选择二维码支付方式后，预设金额，屏幕会跳转扫描二维码界面，采用手机 APP 扫码进行充电。第三种 e 充电账号充电：选择充电方式后，进入金额选择界面及输入账号密码界面，通过后台进行验证后充电。

25. e 充电扫码充电流程是什么?

手机下载安装“e 充电”APP，完成注册，存入一定金额。停车—将充电枪插入充电口—点击屏幕选择“e 充电扫码”充电—输入预充金额—生成二维码—打开“e 充电”选择充电扫码—扫描生成的二维码—充电起动开始充电—充电完成—在“e 充电”我的订单中查看验证码—输入验证码结算—拔枪。

26. 充电设施抢修时限要求是什么?

充电设施巡视、95598 客户报修、车联网平台监控发现故障后均可发起抢修工单，地市公司检修管理员应在 15min 内接单并转派给检修员，检修员 45min 内到达现场，2h 内完成处理，处理过程同计划检修。对 2h 内不能完成处理的应申请停运，并在停运时限内完成检修和复投。

27. 办理充电卡挂失和补卡需要准备什么资料？

如实名制充电卡丢失，客户可申请办理挂失。客户可以通过拨打 95598 电力客户服务热线或在营业厅进行充电卡挂失和解挂，挂失 10 日后可进行补卡操作，补卡时需持与原卡相一致的有效证件去营业厅办理补卡业务。挂失的充电卡可在 10 日内进解挂。

28. 修改卡密码需要准备哪些资料？

营业厅工作人员可为客户办理密码修改和密码重置业务，重置密码时，需要提供实名制认证信息，修改密码时需要输入原密码。

29. 如何确定电动汽车充电已完成？

当电动汽车充电完成时，手机 APP 会发送消息，提醒客户充电已完成；在充电桩显示屏上，也会显示“充电完成”字样，此时客户可拔出充电枪，结束充电操作。

30. 客户办理充换电设施业扩报装业务需要提供哪些资料？

居民低压客户需提供居民身份证或户口本、固定车位产权证明或产权单位许可证明、物业出具同意使用充换电设施的证明材料；非居民客户需提供身份证、固定车位产权证明或产权单位许可证明、停车位（库）平面图、物业出具允许施工的证明等资料，高压客户还需提供政府职能部门批复文件等证明材料。

31. 电动汽车充换电设施用电是否执行峰谷分时电价政策？

电动汽车充换电设施用电执行峰谷分时电价政策。鼓励电动汽车在电力系统用电低谷时段充电，提高电力系统利用效率，降低充电成本。峰谷分时电价是指根据电网的负荷变化情况，将每天24h划分为高峰、平段、低谷等多个时段，并对各时段分别制定不同的电价水平，峰段电价偏高，平段电价居中，谷段电价偏低，鼓励用电客户合理安排用电时间，减少峰段时间充电，增加谷段时间充电，削峰填谷，降低用电客户充电成本，提高电力资源的利用效率。

32. 国家电网有限公司的充电桩能否够为电动自行车充电?

应答话术：您好，国家电网有限公司的充电桩目前不能支持电动自行车充电，只能为电动汽车进行充电，就是为悬挂绿色车牌的车辆提供充电服务的。电动自行车需要到对应的交流充电接口上进行充电。

33. 客户可以通过哪些渠道申请电动汽车充换电设施用电?

应答话术：您好，您可以通过营业厅申请电动汽车充换电设施用电。

34. 客户申请电动汽车充换电设施用电，是否需要缴纳相关服务费用。

应答话术：您好，不用。客户充换电设施受电及接入系统工程由客户投资建设，其设计、施工及设备材料供应单位由客户自主选择；在充换电设施用电申请受理、设计审查、装表接电等全过程服务中，不收取任何服务费用，并投资建设因充换电设施接入引起的公共电网改造。对应用覆盖率达到一定规模的居住区，新建低压配网，保证电动汽车充换电设施用电需求。

35. 客户反映在自家小区安装使用充电桩，多少钱一度电?

应答话术：您好，在自家小区安装使用充电桩，执行居民用电价格中的合表用户电价，即0.568元/(kW·h)。

36. 客户办理充电卡换卡需要准备什么资料？

营业厅工作人员可为实名制充电卡客户办理换卡业务。换卡时，客户需出示与原卡相一致的有效证件。原卡有灰锁记录的应先完成解灰操作。若是将非实名制充电卡换成实名制充电卡，客户需持充电卡和个人有效身份证件到营业厅去办理实名认证业务。

37. 客户如何变更充电卡上的信息？

车联网业务中，营业厅工作人员可根据卡号、客户名、手机号、卡状态等信息查询充电卡信息。个人客户或企业客户若需要变更实名制信息，可持充电卡和与原卡相一致的有效证件到营业厅去变更实名制信息。客户可变更手机号和身份证件扫描上传件，不可变更用户名和客户身份证号。

38. 客户反映充电过程中遭遇充电桩损坏，或充电时系统显示扣费却充不上电，如何处理？

(1) 客户应停止在当前故障充电桩上的充电。

(2) 客户可拨打供电服务电话95598进行故障报修。如客户采用的是有卡充电方式，报修时应提供卡号及联系方式；如客户采用的是无卡充电方式（二维码，验证码、账号），报修时应提供相应信息（二维码信息，验证码号、具体账号）和手机号码。

(3) 客户可选择充电站内的其他正常充电桩进行解灰、充电。

39. 客户反映在高速公路服务区时，充电卡损坏了，无法及时补卡，还能充电吗？

应答话术：您好！请您不用着急，您可以使用手机下载e充电APP，利用e充电进行扫码支付，为电动汽车进行充电。

40. 客户询问在国家电网公司充电桩上充电，怎么收费的？

应答话术：您好！充电费价格按照一般工商业及其他用电的峰谷分时电价来执行，即高峰时段：早上8：00～12：00，下午18：00～22：00，为1.05025元/(kW·h)（峰）。平段：中午12：00～18：00，晚上22：00～24：00，为0.6806元/(kW·h)（平）。低谷时段：夜晚0：00～8：00，为0.35635元/kW·h（谷）。充电服务费按地方政府出台标准执行。

41. 充电桩有哪几种充电方式？ 如何区分自己的车辆符合哪种充电方式？

应答话术：一般充电桩分为7孔、9孔直流桩。您需要确认车辆是否支持交流或直流快充接口。通常交流桩充电时长较长，而直流充电较快。

42. 我的电动车无法在国家电网有限公司充电桩上充电？

应答话术：首先您需要确认车是否满足电动汽车国家有关标准。我公司桩均是以2015年国家标准，只要符合国家标准的电动汽车均可充电。一般问题在于充电桩与车辆的通信协议。建议咨询车辆厂家是否国标2015版。

43. 采用充电卡方式进行充电，应如何操作？

应答话术：先生/女生您好，持国家电网统一发行的电动汽车充电卡到国家电网充电桩进行充电操作。

（1）充电前确认车辆停稳后熄灭断开电源。

（2）把充电枪正确插入电动汽车充电接口。

（3）在充电桩上选择电动汽车充电卡充电，设置所需的充电金额。

（4）首先进行第一次刷卡，预扣充电金额，激活充电桩，启动充电。

（5）结束充电第二次刷卡，确认充电完整性，完成扣款流程。

（6）将充电枪归位。

44. 电动汽车充换电设施用电报装业务分哪几类？

应答话术：（1）第一类：居民客户在自有产权或拥有使用权的停车位（库）建设的充电设施。

（2）第二类：其他非居民客户（包括高压客户）在政府机关、公用机构、大型商业区、居民社区等公共区域建设的充换电设施。

（3）第三类：向电网企业直接报装接电的经营性集中式充换电设施。

45. 申请电动汽车充换电设施用电报装业务的渠道有哪些？

应答话术：目前河南省用户可通过掌上电力手机 APP、95598 网站、供电营业厅进行办理。

46. 电动汽车充换电设施的电价标准是什么？

应答话术：对向电网经营企业直接报装接电的经营性集中式充换电设施用电，执行“大工业用电价格”。2025 年前，暂免收基本电费。其他充电设施按其所在场所执行分类目录电价。

居民家庭住宅、居民住宅小区、执行居民电价的非居民用户中设置的充电设施用电，执行居民用电价格中的合表用户电价。

党政机关、企事业单位和社会公共停车场中设置的充电设施用电执行“一般工商业及其他”用电价格，（参照豫发改价管〔2014〕1342 号文）。

47. 国家电网充电桩是否执行峰谷分时电价政策?

应答话术:国家电网充电桩执行峰谷分时电价政策。峰谷分时电价是指根据电网的负荷变化情况，将每天24h划分为高峰、平段、低谷等多个时段，并对各时段分别制定不同的电价水平，峰段电价偏高、平段电价居中、谷段电价偏低。

48. 低压充换电设施报装申请资料及时限?

环节	环节说明	服务时限	申请资料
申请受理	供电公司为客户提供“零证预约、容缺办理”服务，客户可通过多种渠道预约或直接办理用电业务	(1)预约办理。会安排客户经理在约定的时间上门服务。 (2)直接办理。会在24h(小时)内与客户联系约定上门服务时间。如果客户因故取消，需及时告知	1. 主体证明 (1)自然人(任选其一)。包括身份证(含临时)、户口簿、军官证/士兵证、台胞证、港澳通行证、外国护照、外国永久居留证。 (2)非自然人。营业执照或组织机构代码证，可通过“国家企业信用公示系统”查实的无需提供
供电方案答复	路径敷设选择需要客户的配合	供电方案答复两个工作日	无
工程实施	客户内部工程由客户自行组织，电网配套工程将会同步完成。请客户在内部工程竣工后，及时通知供电公司进行竣工检验。对竣工检验现场发现的问题，供电公司将进行一次性告知	竣工检验1个工作日	
装表接电	在竣工检验合格后，直接装表接电，并签订合同	装表接电1个工作日	

49. 高压充换电设施报装申请资料及时限？

受理环节	环节说明	服务时限	申请资料
申请受理	供电公司为客户提供“零证预约、容缺办理”服务，客户可通过多种渠道预约或直接办理用电业务	（1）预约办理。会安排客户经理在约定的时间上门服务。 （2）直接办理。会在24h（小时）内与客户联系约定上门服务时间。如果客户因故取消，需及时告知	（1）主体证明。营业执照或组织机构代码证（可通过“国家企业信用信息公示系统”查实的无需提供）。 注： 1）主体证明还包括宗教活动场所登记证，社会团体法人登记证书，军队、武警出具的办理用电业务的证明等。 2）主体证明核对原件后，仅需提供签字确认的复印件。如委托他人办理，需客户同时提供经办人有效身份证明、授权委托书。 （2）产权证明（任选其一）。 包括固定车位产权证明、产权单位许可证明、物业出具同意使用充换电设施的证明材料
供电方案答复	最终方案根据电网条件、路径条件、通过技术经济比选论证确定	10个工作日	无
工程实施	客户内部工程由客户自行组织，电网配套工程将会同步完成。请客户分别在内部工程设计完毕及竣工后，及时通知供电公司进行设计审查、竣工检验、免费安装计量表计。对设计审查、竣工检验现场发现的问题，供电公司将进行一次性告知	设计审查3个工作日 竣工检验3个工作日	
装表接电	在竣工检验合格后，调试送电，并签订合同及协议	3个工作日	

50. 申请电动汽车充换电设施用电，是否需要缴纳相关服务费用?

充换电设施受电及接入系统工程由客户投资建设，其设计、施工及设备材料供应单位由客户自主选择；我公司在充换电设施用电申请受理、设计审查、装表接电等全过程服务中，不收取任何服务费用，并投资建设因充换电设施接入引起的公共电网改造。对应用覆盖率达到一定规模的居住区，新建低压配电网，保证电动汽车充换电设施用电需求。

51. 电动汽车充电设施由什么单位负责建设?

充换电设施受电及接入系统工程由客户投资建设，其设计、施工及设备材料供应单位由客户自主选择，对应用覆盖率达到一定规模的居住区，由供电公司新建低压配电网，保证电动汽车充换电设施用电需求。

52. 充电桩都有哪些运行状态?

应答话术：一般而言，充电设施有充电、待机、离线及故障状态，详细说明如下：

(1) 充电状态。充电设施正在运行，输出功率、充电状态下，充电指示灯闪亮。

(2) 待机状态。充电设施处于待机状态，与控制后台连接稳定，可以随时通过三种充电方式起动充电桩。待机状态下，电源指示灯常亮。

(3) 离线状态。充电设施与控制后台连接断开，但可以通过线下方式（刷电动汽车充电卡）起动充电桩。

(4) 故障状态。充电设施由于各种原因发生故障而无法起动。故障状态下故障指示灯亮。

53. 使用充电桩为电动汽车充电时安全注意事项有哪些？

应答话术：使用充电桩为电动汽车充电时，应按照充电桩提示进行操作，需重点做好以下几点安全注意事项：

（1）充电枪连接车辆前应确定充电接口内无积水。

（2）充电过程中请勿强行拔下充电枪，必须在充电结束后才能拔下。

（3）充电过程中出现突发或紧急情况，应立即按下充电桩上的急停按钮停止充电。

54. 专用充电站的命名规则是什么？

应答话术：省＋市＋区（县）＋单位或场站＋充电站＋（内部），如安徽省合肥市瑶海区临泉路龙岗公交停保场充电站（内部）。

55. 什么是充换电设施建设项目前期？

应答话术：充换电设施建设项目前期是指从工程规划到开工实施前开展的全部工作，主要工作内容包括政策争取、网络规划、选址布局、工程许可、用地协调、配套准备等。

56. 充换电设施建设项目竣工验收前需要做哪些准备？

应答话术：（1）项目施工结束后，项目施工单位先完成自验收。

（2）项目施工单位自验收合格后，向项目实施主管单位提出项目竣工验收申请，并提交以下资料：设备技术资料、安装调试资料、阶段性验收资料。

（3）监理单位编制项目监理报告，说明监理中存在的问题及整改情况。

57. 充换电设施工程建设的主要工作内容是?

应答话术: 主要工作内容包括建立组织体系和管控机制、制定里程碑计划、组织招标采购、初步设计、施工组织设计、施工许可办理、物资供应与检测、充电设备接入、竣工验收等内容。

58.《关于免征新能源汽车车辆购置税的公告》中表明,列入《免征车辆购置税的新能源汽车车型目录》的插电式混合动力乘用车须符合什么条件?

应答话术: 插电式混合动力乘用车综合燃料消耗量(不含电能转化的燃料消耗量)与现行的常规燃料消耗量国家标准中对应目标值相比小于60%;插电式混合动力商用车综合燃料消耗量(不含电能转化的燃料消耗量)与现行的常规燃料消耗量国家标准中对应限值相比小于60%。

第八章 分布式光伏发电

1. 什么是分布式光伏发电？

应答话术：分布式光伏是指在您的屋顶或附近场地建设安装的以“自发自用剩余电量上网”或“全额上网”等模式且规模较小的光伏发电设施。

2. 分布式光伏发电有几类？

应答话术：有两类：①10kV及以下电压等级接入且单个并网点总装机容量不超过6MW的分布式光伏；②35kV电压等级接入，年自发自用电量大于50%的分布式光伏，或10kV电压等级接入且单个并网点总装机容量超过6MW，年自发自用电量大于50%的分布式光伏。

3. 申请办理低压（220、380V）分布式光伏发电并网业务需提供哪些资料？

客户需提供的资料		申请资料补充说明
自然人客户	主体证明（任选其一）：身份证（含临时）、户口簿、军官证/士兵证、台胞证、港澳通行证、外国护照、外国永久居留证	主体证明核对原件后，仅需提供签字确认的复印件，如委托他人办理，还需提供经办人有效身份证明、授权委托书
	产权证明（任选其一）：房产证，土地证或有关协议、建筑规划，房管部门出具的房屋产权证明，乡镇及以上级政府出具的房屋使用证明，乡镇及以上级政府出具的土地使用证明	（1）对使用公共区域的情况，需提供居民委员会、村民委员会、物业或业主委员会等出具的同意建设证明。 （2）若委托第三方管理，请在调试并网前提供项目管理方工商营业执照、合作协议资料复印件。 （3）产权证明第1项、第2项核对原件后，仅需通过签字确认的复印件
	其他资料：①项目业主银行开户行信息；②全部自用或自发自用、余电上网请提供关联有效用电户号及户名	无

续表

<table>
<tr><th colspan="2">客户需提供的资料</th><th>申请资料补充说明</th></tr>
<tr><td rowspan="3">非自然人客户</td><td>营业执照或组织机构代码证</td><td>主体证明核对原件后，仅需提供签字确认的复印件，如委托他人办理，还需提供经办人有效身份证明、授权委托书。
（1）可通过“国家企业信用信息公示系统”查实的无需提供。
（2）非自然人主体证明还包括宗教活动场所登记证，社会团体法人登记证书，军队、武警出具的办理用电业务的证明等</td></tr>
<tr><td>产权证明（任选其一）：
（1）房产证。
（2）土地证或有关协议、建筑规划。
（3）房管部门出具的房屋产权证明。
（4）乡镇及以上级政府出具的房屋使用证明。
（5）乡镇及以上级政府出具的土地使用证明</td><td>（1）对使用公共区域的情况，需提供居民委员会、村民委员会、物业或业主委员会等出具的同意建设证明。
（2）若委托第三方管理，请在调试并网前提供项目管理方工商营业执照、合作协议资料复印件。
（3）产权证明第 1 项、第 2 项核对原件后，仅需听过签字确认的复印件。
如客户的营业执照与实际用电地址一致，客户承诺真实性后，可不收取产权证明</td></tr>
<tr><td>其他资料：①项目业主银行开户行信息；②全部自用或自发自用、余电上网请提供关联有效用电户号及户名</td><td>无</td></tr>
</table>

4. 申请办理（10、35kV）分布式光伏发电并网业务需提供哪些资料？

客户需提供的资料	申请资料补充说明
主体证明（任选其一）： （1）营业执照或组织机构代码证，可通过“国家企业信用信息公示系统”查实的无需提供； （2）政府重大项目与民生项目以“文件代证件”受理。办电时需提供市级及以上政府批复文件或县区级以上政府确认的民生项目文函即可受理	（1）主体证明还包括宗教活动场所登记证，社会团体法人登记证书，军队、武警出具的办理用电业务的证明等。 （2）主体证明核对原件后，仅需提供签字确认的复印件。如委托他人办理，请同时提供经办人有效身份证明、授权委托书。 （3）光伏电池、逆变器等设备，需取得国家授权的有资质的检测机构检验报告，符合相关接入电网的技术要求
产权证明（任选其一）： （1）房产证。 （2）土地证或有关协议、建筑规划。 （3）房管部门出具的房屋产权证明。 （4）乡镇及以上级政府出具的房屋使用证明。 （5）乡镇及以上级政府出具的土地使用证明	（1）若委托第三方管理，请在调试并网前提供项目管理方工商营业执照、合作协议资料复印件。 （2）产权证明第1、2项核对原件后，仅需提供签字确认的复印件。 （3）如客户的营业执照与实际用电地址一致，客户承诺真实性后，可不收取产权证明
其他资料： （1）项目业主银行开户行信息。 （2）全部自用或自发自用、余电上网请提供关联有效用电户号及户名	无

5. 申请办理分布式光伏发电业务有哪些渠道？

应答话术：您可到当地供电营业厅或手机APP直接办理，

也可以通过电话或微信预约申请办理。

6. 办理分布式光伏发电业务是否也实行“一证受理”？

应答话术：办理分布式光伏发电业务，与办理新增业务一样也实行“一证受理”。

7. 办理分布式光伏发电业务的线上渠道有哪些?

应答话术：您可以通过“电 e 宝”手机 APP 直接办理，也可以通过本地值班电话或关注“国网河南省电力公司”微信公众号进行预约办理。

8. 线上直接办理分布式光伏发电业务需要哪些申请资料?

应答话术：如果您是个人办电，上传身份证、军人证或护照等公安部门颁发的有效身份证明；如果您是企业或行政事业单位，上传营业执照或组织机构代码证等工商行政部门颁发的有效证明即可。

9. 如何才能查到预约办理分布式光伏发电业务的联系电话?

应答话术：您可以通过支付宝搜索“国网河南省电力公司”，找到“国网河南省电力公司生活号”，点击进入后下方中间出现的“预约报装”，点开“预约报装”，选择“所属地市”及“所属区县”，即弹出选择的当地供电公司公开的预约办理电话。

10. 如何实现电话预约办理分布式光伏发电业务?

应答话术：您可以拨打当地供电公司公布的预约电话，接通后将您的并网需求、详细地址、联系人、联系电话和预约办理时间，告知我们的坐席人员即可。

11. 如何通过“电 e 宝”直接办理分布式光伏发电业务?

应答话术：您通过手机登录“电 e 宝”中的“光 e 宝”，点击“光 e 宝”，在弹出的页面左上方找到“线上并网”，点击“线上并网”，出现“并网申请”页面，当您选择项目所在省份后，弹出“线上并网”新的对话框，按提示完成填写并提交即可。

12. 可否告知“光 e 宝”办理分布式光伏发电并网业务操作步骤?

应答话术：以办理“个人并网业务”为例，进入“光 e 宝”中的“线上并网”对话框，按提示依次输入“安装地区、详细地址，上传产权证明，选择计划开始时间、计划投产时间，输入光伏发电安装容量，选择发电量意向消纳方式，填写户主信息（包括证件类型、上传证件照片、填写户主姓名、证件号码）和经办人信息（包括上传委托书、选择证件类型、上传证件照片、填写经办人姓名及联系电话)”，获取并填写验证码后，生成申请单，提交成功后，即完成线上办理操作程序。

13. 个人并网申请提交后，多长时间答复接入系统方案?

应答话术：供电企业受理您提交的光伏并网申请后，如需低压（380/220V）单点并网，两个工作日内答复接入系统方案；需低压（380/220V）多点并网，5 个工作日内答复接入系统方案。

14. 高压并网申请提交后，多长时间答复接入系统方案?

应答话术：供电企业受理您提交的光伏并网申请后，如是 10kV 并网，10 个工作日内答复接网意见函（包括接入系统方案)，如是 35kV 并网，13 个工作日内答复接网意见函（包括接入系统方案)。

15. 什么是接入系统方案?

应答话术：您向供电企业提出并网申请后，供电企业需要给您的书面答复，其主要内容就是接入方案，它包括：接入点电压、并网点电压、并网容量、发电量上网模式、发电电能质量、电能计量（含上网电量、发电量）、并网线路、断路器及保护装置配置要求等。

16. 接入系统方案的作用是什么？

应答话术：供电企业答复给您的接入系统方案是作为分布式光伏发电项目内部工程设计的依据之一，也是发电项目业主和供电企业之间签订发（用）电合同的主要内容。

17. 哪些分布式光伏发电项目不需要进行设计审查？

应答话术：您如果是低压（380/220V）单点并网，无需进行设计审查，接到供电企业答复的接入系统方案后可直接开展下一步工作。

18. 分布式光伏发电项目设计文件提交供电公司后，多长时间内反馈审核意见？

应答话术：工作人员自接到您的设计文件之日起，低压多点并网项目设计文件审查时限为 3 个工作日，高压并网项目设计文件审查时限也是 3 个工作日。

19. 分布式光伏发电项目内部工程竣工，并向供电公司申请检验后， 多长时间内完成竣工检验？

应答话术：工作人员自接到您的内部工程竣工通知后，低压并网项目 3 个工作日内完成竣工检验，高压并网项目也是 3 个工作日内完成竣工检验。

20. 分布式光伏发电项目内部工程竣工检验合格后，供电部门多长时间内完成并网工作？

应答话术：自您的分布式光伏发电项目内部工程竣工检验合格后，低压并网项目 3 个工作日内完成并网调试运行，高压并网项目也是3个工作日内完成并网调试运行。

21. 个人分布式光伏发电项目并网发电后，多长时间能见到收益?

应答话术：供电企业根据您提供的个人及项目信息建立台账，同时上报政府主管部门进行集中备案，在备案未纳入国家财政补贴目录前，供电企业按月（或按合同约定时间）给您结算上网电费。

22. 非自然人分布式光伏发电项目并网发电后，多长时间能见到收益?

应答话术：供电企业根据您提供的单位及项目信息建立台账，在您单位的项目未纳入国家财政补贴目录前，供电企业按月（或按合同约定时间）给您结算上网电费。

第九章
用　电　常　识

第一节 安 全 距 离

1. 变压器与房屋的安全距离是多少，怀疑有辐射，如何处理?

应答话术：参照《电力设施保护条例实施细则》，在厂矿、城镇、集镇、村庄等人口密集地区，10kV 变压器的水平安全距离为 1.5m，也就是说 1.5m 及以上的距离都是安全的。变压器正常工作时的微量电磁波，也会随着距离增大而衰减；同时变压器的外壳也有接地保护，其外壳以及家中的墙体都是很好的屏蔽措施，对您的正常生活不会造成影响。如果您仍有疑虑，可请环保部门进行实地检测（如客户强烈要求搬迁或要求供电公司到现场检测，请客户提供变压器箱体上的编号或名称，或具体的地理位置，联系相关部门派人到现场处理）。

2. 附近的变压器有噪声，要求搬迁变压器，如何处理?

应答话术：变压器工作时，内部元器件因电磁力引起振动产生了一定噪声，但是通常情况下变压器的噪声一般均符合环境保护标准。如果您觉得噪声过大，建议您联系环保部门进行实地检测。

3. 高压线与房屋安全距离是多少，如何应答?

应答话术：请问您是因为什么原因而为此担忧呢？是因为您家附近有高压线吗？高压线的电压等级是多少千伏，与您家的距离大约有多少米？（再根据客户提供的信息，判断高压线与房屋的实际距离是否符合国家规定的安全距离标准）。具体标准如下。

(1) 水平安全距离。根据《电力设施保护条例实施细则》第五条，在厂矿、城镇、集镇、村庄等人口密集地区，各级电压导线边线在计算最大风偏情况下，距建筑物的水平安全距离见表9-1。

表9-1　　水平安全距离

电压等级/kV	在计算最大风偏情况下距建筑物的水平安全距离/m
1以下	1.0
1～10	1.5
35	3.0
110	4.0
220	5.0
500	8.5

(2) 垂直安全距离。根据《中华人民共和国电力行业标准》DL/T 741—2001，以及《中华人民共和国电力行业标准》DL/T 5220—2005规定：输配电线路对建筑物之间最大垂直距离见表9-2。

表9-2　　垂直安全距离

输配电线路与建筑物之间的最小垂直距离						
电压等级/kV	0.4及以下	10	35	110	220	500
垂直距离/m	2.5 (2)	3 (2.5)	4	5	6	9

注： 0.4kV及以下和10kV的垂直距离中，括号内为绝缘导线数值。35 kV及以上的为导线垂直距离。

根据您的描述，高压线与您家的距离符合安全距离标准，国家规定的×千伏的线路与建筑物之间的水平/垂直距离为×米（安全距离符合规定）。

由于不同电压等级的安全距离有所不同，您反映的问题需到现场查看确认，我先为您记录下来，会有工作人员尽快与您联系处理［如实际距离小于安全距离规定，记录该电力线路的杆（塔）上标注的电压等级、线路名称及编号等信息，联系相关部门派人现场查看］。

4. 电线杆在家门口影响出行（或有安全隐患），如何处理？

应答话术：供电线路建设时均经过规划部门的批准，符合《中华人民共和国电力行业标准》。如果您确实觉得供电线路妨碍您的生活，需要将其迁走，建议您到营业厅办理杆线迁移手续，但是否能迁移需现场勘查后确定且迁移产生的相关费用需由客户承担。

5. 想在高压线路附近建房，应注意什么？

应答话术：（1）先询问客户是新建还是翻盖房屋，如果已经取得建房许可证或是否经由规划部门批准。

为了您人身安全以及电力线路的运行安全，根据《电力设施保护条例》第十条规定，在×千伏电力线路边线×米的范围为电力设置保护区，因此不得在架空电力线路保护区内兴建建筑物、构建物。

架空电力线路保护区：导线边线向外侧水平于地面所形成的两平行面内的区域，在一般地区各级电压导线的边线延伸距离见表 9-3。

表 9-3　　各级电压导线的边线延伸距离

电压等级/kV	导线的边线延伸距离/m
1～10	5
35～110	10
220	15
500	20

（2）未取得建房许可证或是否经由规划部门批准。为了您人身安全以及电力线路的运行安全，建议您前往政府规划或建设部门办理施工许可手续，以免电力公司线路运行部门设备巡查时，因责令停工整改所造成不必要的损失。

第二节　安　全　用　电

1. 窃电行为有哪些？

应答话术：根据《供电营业规则》第一百零一条规定，窃电行为包括：

（1）在供电企业的供电设施上，擅自接线用电。

（2）绕越供电企业用电计量装置用电。

（3）伪造或开启供电企业加封的用电计量装置封印用电。

（4）故意损坏供电企业用电计量装置。

（5）故意使供电企业用电计量装置不准或失效。

（6）采用其他方法窃电。

依据《河南省供用电条例》第四十八条，任何单位或个人不得以任何方式窃电。

下列情形为窃电行为：

（1）在供电企业的供电设施上擅自接线用电。

（2）绕越用电计量装置用电。

（3）伪造、开启法定的或经授权的计量检定机构加封的用电计量装置封印用电。

（4）故意损坏用电计量装置用电。

（5）改变用电计量装置计量准确性，或私自调整分时计费表时段或时钟，使其少计量或不计量。

(6) 使用非法用电充值卡等窃电装置用电。

(7) 私自变更变压器铭牌参数或容量用电。

(8) 采取其他方式窃电。

2. 哪些行为属于违约用电?

应答话术：根据《供电营业规则》第一百条规定，违约用电行为包括：

(1) 擅自改变用电类别（在电价低的供电线路上，擅自接用电价高的用电设备或私自改变用电类别）。

(2) 私自超过合同约定的容量用电。

(3) 擅自超过计划分配的用电指标。

(4) 擅自使用已经在供电企业办理暂停使用手续的电力设备，或擅自启用已经被供电企业查封的电力设备。

(5) 擅自迁移、更动和擅自操作供电企业的用电计量装置、电力负荷控制装置、供电设施以及约定由供电企业调度的用户受电设备。

(6) 未经供电企业许可，擅自引入、供出电源或将自备电源擅自并网。

3. 因窃电或违约使供电设施损坏的，如何处理?

应答话术：《供电营业规则》第一百零四条规定：因违约用电或窃电造成供电企业的供电设施损坏的，责任者必须承担供电设施的修复费用或进行赔偿。

4. 客户反映有人在表箱内私拉乱接，如何处理?

应答话术：询问客户现场具体情况，初步判断线路的归属，是在供电部门产权线路上接线，还是在客户产权的线路上接线。

(1) 属于供电部门资产线路。详细记录具体时间、地点、现象等信息，以方便工作人员现场核实处理。

(2) 属于客户资产线路。应对话术：由于线路资产属于客户，建议您先联系物业或找有资质的电工协助您自行处理。

(3) 无法确定线路。应对话术：工作人员到现场核实，属供电部门资产线路由供电公司负责处理，属客户资产的线路请您自行处理。

5. 举报窃电、违约用电是否有奖?

应答话术：首先感谢您主动帮助供电公司维护正常的供用电秩序。对于已举报查实的窃电，根据国网河南省电力公司规定，无法向举报人提供现金奖励，在此对您表示歉意。希望您今后能够和我们继续共同努力，一起来打造良好的供用电秩序。

6. 客户反映空气开关频繁跳闸，影响正常用电，如何处理?

应答话术：低压断路器频繁跳闸，很有可能是其低压断路器容量、接线端子接触不良或本身质量问题所造成的。建议客户可找有社会上有资质的电工自行更换。如是因电能表容量不够，可去所属营业厅办理增容手续。

第三节 节 约 用 电

1. 电气照明主要有哪些节电措施?

应答话术：您可以在选购家用电器时，尽量选用高效电光源和灯具，11W 节能灯相当于 60W 白炽灯的亮度，合理地控制照明时间；同时充分利用自然光，是实现照明节电的主要部分。

2. 家庭使用电视机怎样注意节电?

应答话术: 您在使用电视时,首先应注意控制电视亮度和声音,高亮度和高音量会增加电视剧的功耗;每次看完电视后应及时关机或拔下电源插头,因为有些电视机在关闭后,显像管仍有灯丝预热,遥控电视机关机后仍处在待机状态,依旧会使用电能。

3. 使用电热水器时应怎样注意节电?

应答话术: 使用电热水器时,应尽量避开用电高峰时间;如果夏季每天都需要使用热水,则让电热水器始终通电,并设置在保温状态,因为保温一天所用的电,比把一箱凉水加热到相同温度所用的电要少。

4. 家庭使用空调时怎样注意节电?

应答话术: 首先在选择空调时要依据住房面积选择功率合适的空调,空调温度应设置在24~28℃或再高一点,使用空调过程中空调一开一关也会造成浪费电能。

5. 家用电冰箱节电常识有哪些?

应答话术: 夏季使用电冰箱时要减少频繁开关电冰箱次数和开门时间,大量的热量进入电冰箱内部自然耗电就多;及时给电冰箱除霜,每月也可节省5~20kW·h;热的食物最好先放凉再放进电冰箱,这样也会比价节约电能。

6. 电脑的节电常识用哪些?

应答话术: 家用电脑在不使用时,应当将主机、显示器全部关闭,并将电源插头拔下,只要插头还没有拔下,电脑仍然有4.8W的电能消耗,相当于一只小的节能灯一直亮着,每月就会多消耗电能5~20kW·h。

7. 如何计算常用家用电器的待机耗能是多少?

应答话术: 电视机、电冰箱等家用电器的使用说明书中，一般都标明该电器的待机功率，则耗电量=功率（消耗电力）×使用时间。即1000W的电器使用1h，耗电量为1kW·h，就是1度电。